A Encantadora de HOMENS

A Encantadora de HOMENS

Transforme-o no homem dos seus sonhos

Donna Sozio & Samantha Brett

Tradução
Elena Gaidano

1ª edição

Rio de Janeiro | 2014

CIP-BRASIL. CATALOGAÇÃO NA PUBLICAÇÃO
SINDICATO NACIONAL DOS EDITORES DE LIVROS, RJ

Sozio, Donna

S719e   A encantadora de homens / Donna Sozio; tradução: Elena Gaidano. – 1. ed. – Rio de Janeiro: Best*Seller*, 2014.
il.

Tradução de: The man whisperer
ISBN 978-85-7684-630-7

1. Relações homem-mulher. 2. Encontro (Costumes sociais).
I. Título.

14-12037

CDD: 646.77
CDU: 392.4

Texto revisado segundo o novo Acordo Ortográfico da Língua Portuguesa.

TÍTULO ORIGINAL:
THE MAN WHISPERER
Copyright © 2011 by F+W Media, Inc.
Copyright da tradução © 2014 by Editora Best Seller Ltda.

Published by arrangement with Adams Media, An F & W Media, Inc. Company,
57 Littlefield Street, Avon, MA 02322, USA

Capa: Sense Design
Editoração eletrônica: Abreu's System

Todos os direitos reservados. Proibida a reprodução,
no todo ou em parte, sem autorização prévia por escrito da editora,
sejam quais forem os meios empregados.

Direitos exclusivos de publicação em língua portuguesa para o Brasil
adquiridos pela
EDITORA BEST SELLER LTDA.
Rua Argentina, 171, parte, São Cristóvão
Rio de Janeiro, RJ – 20921-380
que se reserva a propriedade literária desta tradução

Impresso no Brasil

ISBN 978-85-7684-630-7

Seja um leitor preferencial Record.
Cadastre-se e receba informações sobre nossos
lançamentos e nossas promoções

Atendimento e venda direta ao leitor:
mdireto@record.com.br ou (21) 2585-2002

Às nossas mães, as melhores encantadoras de homens.

AVISO

Juramos que nenhum homem foi maltratado durante a elaboração deste livro.

O presente projeto é um conjunto de opiniões coletivas extraídas da nossa experiência e prática profissional e não deve ser considerado um parecer clínico ou médico. Não temos a pretensão de nos apresentarmos como médicas ou psicólogas; entretanto, oferecemos dicas sobre o que funciona, hoje em dia, para criar relacionamentos fantásticos. Alteramos todos os nomes e detalhes que pudessem servir de identificação nos estudos de caso e nas histórias que montamos para ilustrar esta obra.

O presente livro não visa substituir profissionais qualificados. Assim, orientamos todas aquelas que sintam necessidade de conselhos clínicos ou psicológicos no que diz respeito às suas relações pessoais a se cuidarem e procurarem a ajuda de que precisam.

Sumário

Introdução.... 11

PARTE 1
*Encantando homens para conquistar
a felicidade no relacionamento* 15

Capítulo 1:
O método para se tornar uma
encantadora de homens..................... 17
CINCO PASSOS PARA OBTER O QUE QUISER
DE UM HOMEM (SEMPRE QUE QUISER!)

Capítulo 2:
Mitos e equívocos sobre a técnica
de encantar homens 45
DOZE ERROS DE COMUNICAÇÃO QUE PODEM
LHE CUSTAR UM VERDADEIRO AMOR (E SUA SANIDADE!)

Capítulo 3:
Sete dias de aquecimento
para encantar homens 67
PREPARE-SE PARA SE TORNAR UMA
ENCANTADORA DE HOMENS BEM-SUCEDIDA
EM APENAS UMA SEMANA

PARTE 2
Encante a mente masculina 85

Capítulo 4
Compreenda a mente masculina 87
A CIÊNCIA POR TRÁS DE COMO
OS HOMENS PENSAM, AGEM E AMAM

Capítulo 5
**Como conseguir que
a mente masculina se concentre** 97
POR QUE OS HOMENS NÃO CONSEGUEM
FAZER DUAS COISAS AO MESMO TEMPO
(E COMO VOCÊ PODE DESLOCAR A
ATENÇÃO DELE PARA VOCÊ!)

Capítulo 6
**O compromisso e a
mente masculina** 119
CONQUISTE O "GENE ANTICOMPROMISSO" DELE
(PARA FAZER COM QUE ELE QUEIRA
VOCÊ PARA SEMPRE)

PARTE 3
Encante-o para capturar seu coração 141

Capítulo 7
A palavrinha mágica..................... .. 143
FAÇA-O DIZER "EU TE AMO" (SEM ELE SURTAR)

Capítulo 8
Ele vai dizer "sim" algum dia?............. 165
FAÇA COM QUE ELE A PEÇA EM CASAMENTO
(SEM QUE SE SINTA FORÇADO)

Capítulo 9
O homem emocionalmente disponível ... 191
ADEUS, SR. MACHÃO; OLÁ, SR. GENEROSO!

Capítulo 10
Jovem de espírito........................... 213
COMO FAZER AS PAZES COM O MENINO
DENTRO DO HOMEM

PARTE 4
*Encante-o para obter excelente sexo
e uma atração duradoura*.................... 231

Capítulo 11
Arrumando seu homem.................... 233
CHEGA DE CAMISAS AMARROTADAS,
PNEUS E PEITINHOS!

Capítulo 12
Encantando os homens no quarto........ 249
REVELE O GIGANTESCO POTENCIAL DELE
PARA SATISFAZÊ-LA (ÀS VEZES, EM DOSE DUPLA!)

CAPÍTULO 13
Ajude-o a controlar seus
ímpetos masculinos 269
PONHA UM FREIO NOS OLHARES GULOSOS E
NO MAU HUMOR DELE

Conclusão 285

INTRODUÇÃO

Você gostaria que seu homem se abrisse mais sobre seus sentimentos, vencesse a fobia de compromissos, fosse mais generoso e carinhoso e desse um jeito naquela monocelha? Que ele parasse de se entupir de hambúrguer com bacon, a pedisse logo em casamento, a levasse para fazer passeios românticos no fim de semana, lhe dissesse que a ama com mais frequência e a surpreendesse com flores, assim, "do nada"?

É claro que sim!

E por quê?

Porque você o ama. Infelizmente, graças ao Sr. Darcy, ao Mr. Big, ao Dr. McDreamy e aos demais heróis perfeitos dos contos de fadas, as mulheres têm sido iludidas desde sempre. Passamos a vida toda ouvindo que quando encontrarmos o homem certo, ele vai se apaixonar loucamente e colocará um anel de brilhante no nosso dedo — e também vai limpar o que sujar, paparicar-nos, lembrar-se de ligar quando estiver atrasado (de novo) e que tudo serão rosas e morangos com cobertura de chocolate para todo o sempre. Mas não é isso o que acontece. De repente, o Sr. Perfeito não é tão perfeito assim. Ele precisa de modificações sérias — e rápidas — antes que você perca a cabeça.

Se essa situação lhe pareceu familiar, saiba que você não está sozinha. A boa notícia é que encontramos um jeito de você conseguir o que quer do seu homem e do seu relacionamento. Bem-vinda ao novo método de comunicação: encantar homens.

A chave para mudar o curso do seu relacionamento encontra-se em você e nas palavras que você usa para se comunicar com seu homem. Aprender a técnica de encantar homens significa que você precisa começar a pensar, falar e agir de forma diferente. A vantagem é que essa técnica realmente leva seu parceiro a fazer as coisas que você sempre quis, enquanto ele pensa que tudo foi ideia dele!

Numa tentativa desesperada de aproximar namorados, noivos ou maridos ao modelo de perfeição que pensavam ter encontrado, muitas mulheres adotam o péssimo costume de aporrinhar, exigir, ridicularizar e resmungar sem parar, com o intuito de dobrar os homens para que ajam como elas querem. O resultado? O tiro sai pela culatra. Descobrimos (surpresa!) que resmungos não tiram os homens do sofá, nem os fazem entrar em ação. Em vez disso, resmungar só leva os homens a procurarem *mais* desculpas para fugir de nós — e, francamente, quem poderia censurá-los por isso? As queixas constantes levam o homem a se sentir fracassado, incapaz de fazer qualquer coisa da forma correta... bem diferente do seu príncipe encantado. E reclamar só faz você se transformar em mais uma mulher desiludida, levando o próprio lixo para fora e se perguntando o que há de errado com seu homem. Se continuar resmungando, ninguém sairá ganhando!

Entretanto, quando aprender a encantar homens, os contos de fadas vão se tornar realidade. Ele vai passar a comer na sua mão, e você será contemplada com o tempo e as atenções dele, da forma mais generosa possível — sem ter que implorar, se chatear ou se revoltar. (É sério!)

Na verdade, a capacidade de se comportar do jeitinho que você sempre quis está no DNA dos homens — você só precisa aprender a despertar isso nele. Os homens realmente querem consertar as coisas, tomar conta de você, serem príncipes encantados, limpar a piscina (provavelmente não usando uma sunguinha Speedo, mas o método usado em *A encantadora de homens* tornou-se famoso por conseguir induzi-los a fazer praticamente qualquer coisa para agradar às mulheres), consertar a pia e realizar qualquer ação que vocês pedirem a eles. Por quê? Porque os homens *querem* agradar às mulheres.

A boa notícia é que a técnica de encantar homens não envolve estratégias complicadas, teorias intimidadoras, jogos ou manipulações. Em vez disso, trata-se simplesmente de uma mudança na sua perspectiva e nas palavras que você usa, a maneira como formula as frases e o modo com que expõe suas exigências. Você vai amar e ele também — nós garantimos. Quando aprender a usar os métodos ensinados neste livro, prometemos que as outras mulheres vão cercar você nos bares e segui-la na rua para descobrir seus segredos para lidar com os homens. Pois quando você aprender a encantar a mente, o corpo e o espírito dele, seu homem vai querer torná-la feliz do jeito que você sempre sonhou.

Assim, independentemente de estar saindo com um namorado novo, de se encontrar numa relação duradoura, casada ou em algum ponto desse caminho, você pode começar a aplicar a técnica de encantar homens imediatamente. Com efeito, ela pode levar a uma reviravolta em sua relação, não importa o quão amarga ou fora dos eixos ela tenha se tornado na sua opinião. Você logo começará a usufruir dos benefícios de um relacionamento amoroso mais balanceado e complementar, com o qual vem sonhando há muito tempo.

Então, o que está esperando? Continue lendo e comece a encantar homens!

PARTE 1

*Encantando homens
para conquistar
a felicidade
no relacionamento*

CAPÍTULO 1

O método para se tornar uma encantadora de homens

Cinco passos para obter o que quiser de um homem (sempre que quiser!)

"Uma mulher só consegue realmente mudar um homem quando ele é um bebê."
— NATALIE WOOD

"Você não pode mudar um homem. Mas um homem pode mudar!"
— DONNA E SAM

O que é a técnica de encantar homens?

A técnica de encantar homens é um novo modo de se comunicar com eles, que os faz querer desligar a TV, desmarcar um jogo de pôquer com os amigos ou deixar a cerveja de lado para lhe dar plena atenção. Além disso, ele vai deixar de considerá-la um grilhão — pelo contrário, você vai se transformar na namorada, esposa ou noiva querida. Ele verá com genuíno entusiasmo a ideia de passar o resto da vida com você, paparicá-la e escutá-la de modo carinhoso e compreensivo!

> **Encantadora de homens:** Uma subespécie fantástica do gênero feminino que aprendeu (por tentativa e erro) a adotar uma visão simpática das motivações, necessidades e desejos de seu homem. Ela é eficaz em negociar soluções que contemplem a ambos, imperceptivelmente utilizando palavras-chave que inspiram o homem a satisfazer suas demandas, fazendo parecer que se trata de uma brilhante ideia *dele*.

Aprender a usar a técnica de encantar seu homem encaminha o relacionamento de vocês na direção do amor, da paz e da realização, em vez de fazê-lo trilhar um caminho repleto de frustrações, desconfianças e repetições constantes e desgastantes das mesmas brigas e decepções. E o melhor é que encantar os homens não se fundamenta em manipulação, mentiras ou exigências. Em vez disso, trata-se de uma arte refinada para induzi-los a fazerem tudo o que você quiser, mas levando-os a acreditar que esse novo comportamento é fruto de uma brilhante ideia deles mesmos!

ESTUDO DE CASO DE CASAIS: HEIDI E JAMES

Heidi, 36 anos, é casada com James há três anos e descreve o marido como "inútil" (e não deixa de dizer isso a ele). Ela não para de reclamar dele. Os dois se engalfinham pelas menores coisas. Ela acha que James nunca se mexe para ajudá-la nas compras ou convidá-la para um jantar romântico. No seu entender, ele passa a maior parte do tempo ocupado demais assistindo ao canal de esportes para que possam ter uma conversa sincera sobre o rumo que o relacionamento vem tomando. E então, depois de ficar a noite inteira sentado no sofá, James vai para a cama, dá um tapinha na perna dela e quer fazer sexo! Em silêncio, ela vem acumulando pressão, criando ressentimentos e nutrindo uma raiva tácita. Certamente, a relação deles não foi sempre assim. Porém, com o passar dos anos, Heidi vem sentindo que não são parceiros em pé de igualdade e que

James não está fazendo sua parte. Ela não gostava de ser ranzinza, nem se sentia bem agindo dessa forma. Mas acreditava que era o único jeito de conseguir que James fizesse alguma coisa.

Como Heidi está convencida de que ela e James precisam ser iguais dentro da relação, ela mantém uma contabilidade silenciosa. Quando os números não batem, surgem ressentimentos e mau humor. Em muitos relacionamentos em que isso acontece, as mulheres não se sentem valorizadas porque, normalmente, são elas que fazem "mais". Contudo, o que Heidi ainda precisa perceber é que, se ela parasse de manter essa contabilidade (e de buscar igualdade) dentro da relação afetiva e adotasse a técnica de encantar os homens, deixando claro ao marido que aprecia tudo o que ele efetivamente faz (que é muito mais do que ela pensa!), o relacionamento dos dois teria potencial para se transformar no casamento com que ela sempre sonhou.

Para Heidi, os problemas da relação se deviam ao fato de ambos terem se tornado pessoas ocupadas demais — ela descrevia a relação como dois navios solitários se cruzando à noite. Heidi estava cursando um prestigioso programa de MBA; James almejava uma promoção e fazia horas extras. Como sentia que seu lar havia se convertido numa zona de guerra, ele saía do trabalho direto para a academia ou para tomar cerveja com os colegas do escritório. Para evitar criar conflitos ou se sentir só, Heidi passou a sair para tomar uns drinques com as amigas ou para relaxar na aula de Yoga. Nenhum dos dois pensava em abrir mão do que consideravam ser o único momento prazeroso do dia para passá-lo com alguém tenso, extenuado e irritadiço. Heidi sentia saudades dos tempos em que uma espécie de eletricidade percorria os dois, levando-os a conversar por horas a fio. Àquela altura, parecia-lhe que James não dispunha sequer de dois minutos e que ela tinha de brigar até por isso.

Certa noite, James se esqueceu de trazer o que Heidi pedira do mercado (de novo) e ela atacou com a ladainha de costume: "Você nunca faz nada por mim! Por que ainda estou com você?" Sua intenção era simplesmente chamar a atenção de James para si! Sentindo-se negligenciada, Heidi vociferava (algo que fazia frequentemente) que ele não lhe dava ouvidos quando ela lhe pedia para fazer alguma coisa, que não passava tempo suficiente com ela, que já não lhe dizia que a amava, que passara a tratá-la como uma empregada em vez da namorada atraente que ele cortejara e com quem se casara! James passou para a defensiva, alegando ter muitos problemas no trabalho e que, de qualquer maneira, ela sempre o atacava e nada que ele fazia estava bom. "Para que preciso me esforçar?", foi a resposta. Seguiu-se uma discussão, acalorada como sempre. Não se falaram por três dias, sexo estava fora de questão e, consequentemente, ficaram mais distantes. James ficou ressentido pelo gelo com que Heidi o brindava. Já ela ressentia-se pelo fato de o marido não lhe demonstrar nem o amor, nem o carinho que ela esperava dele E ambos se sentiam infelizes e desiludidos, e se perguntavam o que diabos estava errado no relacionamento — e tudo isso por causa de umas compras bobas!

Na verdade, a infelicidade de Heidi não estava relacionada às compras. Tudo se devia ao sistema de contabilidade invisível e silencioso que ela estabelecera para calcular quem fazia o que dentro da relação... em vez de criar um relacionamento complementar em que as tarefas fossem divididas e cada um executasse as que sabia fazer melhor. Era fato que Heidi poderia aprender a encantar seu homem e, com isso, viraria o jogo totalmente. Ela precisava começar a usar um novo estilo de comunicação feminino, que lhe permitiria falar com seu parceiro de tal maneira que o fizesse se sentir bem em responder.

O que a técnica de encantar os homens pode fazer por seu relacionamento

A arte de encantar os homens:

- Cria um relacionamento harmonioso com seu parceiro, isento de discussões mesquinhas e aporrinhações constantes.
- Faz com que você e seu homem formem uma equipe dinâmica, com tamanho grau de confiança e força que possibilite a ambos acreditarem verdadeiramente que, juntos, podem fazer qualquer coisa.
- Facilita a comunicação com ele, tornando-a agradável, sem atritos ou estresse — não importando o assunto ou a situação.

- Resultará num homem mais afetuoso, dedicado e amoroso, que não terá medo de expressar seu lado romântico para você com mais frequência.
- Trará a excitação de volta à sua vida sexual.

Independentemente de quanta distância se instaurou entre você e ele, e seja qual for o estágio do relacionamento em que se encontram, você detém a chave para mudar as coisas para melhor.

A técnica de encantar homens em cinco passos fáceis

A prática destes cinco passos simples a ajudará a desenvolver uma percepção interior que a capacitará a usar intuitivamente a técnica de encantar com seu homem e ser bem-sucedida. Não tenha medo, achando que terá de pensar demais a cada vez que abrir a boca; eventualmente, o processo vai se tornar uma segunda natureza. O aprendizado desse novo tipo de comunicação é parte arte, parte ciência; revelaremos o aspecto biológico por trás dos comportamentos (quando analisarmos o cérebro do homem, no Capítulo 4), para que você compreenda como e por que tudo isso funciona. Assim que superar a fase inicial de aprendizado, encantar homens vai se tornar invariavelmente seu estilo de comunicação com seu parceiro — e quando você menos esperar, verá a transformação dele no homem dos seus sonhos!

Do nada, a vida vai lhe parecer simplesmente mais fácil. Você não precisará mais cutucá-lo tanto, nem resmungar, e ainda assim conseguirá que ele realize muito mais. Usará um tom diferente para conseguir o que quer e isso não lhe exigirá grandes esforços. Por quê? Porque encantar os homens não força ninguém a nadar contra a corrente. Trata-se de um estilo de comunicação que complementa o fluxo natural entre homens e mulheres e consegue trazer à tona o que há de melhor em cada um.

Então, como encantar seu homem? Subdividimos o método em cinco passos simples.

Passo 1: Identifique o problema

Antes de começar a se comunicar com seu homem, você precisa estabelecer o assunto sobre o qual quer conversar. Isso pode parecer óbvio, mas muitas mulheres iniciam a conversa falando sobre picuinhas insignificantes, em vez de abordar o que *realmente* as incomoda. Essa tática aborrece os homens, além de não resultar no que você deseja! Identificamos cinco tipos de problemas comuns sobre os quais as mulheres querem conversar com os homens e, muito provavelmente, o assunto que a incomoda se encaixa numa destas categorias:

- Quer que seu homem fale sobre algo que está incomodando você.
- Quer que seu homem fale sobre algo que está incomodando a ele.
- Quer que seu homem conserte algo — por exemplo, a pia quebrada, o vazamento da privada, o computador.

- Quer que seu homem faça algo — por exemplo, leve o cachorro para passear, saia mais vezes com você e suas amigas, limpe a garagem.
- Quer que seu homem lhe dê algo — por exemplo, uma massagem nas costas, um orgasmo, maior comprometimento.

Quando identificar a questão, procure compreender por que você quer isso dele. Trata-se simplesmente de alguma coisa prática, do tipo lavar a louça depois do jantar porque é uma tarefa que você detesta? Ou há um motivo mais profundo — você quer que ele lave a louça porque normalmente você faz *tudo* e, consequentemente, se sente desvalorizada? Definir a necessidade emocional subentendida na sua exigência vai capacitar você a comunicá-la melhor e encontrar as palavras certas para encantar seu homem.

Passo 2: Formule o problema de maneira eficaz

Após identificar seu desejo e sua motivação, o próximo passo é formulá-lo para seu homem de forma que seja um pedido, observação ou pergunta, apresentando junto um benefício que possa guiá-lo e inspirá-lo para a ação. Certifique-se de que ele saiba qual proveito tirará disso para si (o tal benefício)... e, na maior parte das vezes, isso por si só é suficiente para levá-lo a agir. É importante observar que não se trata de chantageá-lo, mas simplesmente de lembrar a ele que, quando você está feliz... ele também fica. Utilizar a técnica de encantar homens é sempre proveitoso para ambos os lados!

Certifique-se de incluir em sua fórmula benefícios que girem em torno de coisas que os motivam: comida, tranquilidade, um "passe livre" para sair com os amigos, "brinque-dos" novos e sexo.

> ATENÇÃO! *Esqueça a mania de dar indiretas!*
> Encantar os homens não tem nada a ver com dar "indi-retas" e depois ficar frustrada porque eles não conse-guem adivinhar seus pensamentos. Esta é uma área isenta de adivinhação!

Alguns exemplos de como formular um pedido:

- "Será que você poderia (inserir a ação pretendida) + o benefício?"
- "Você se incomoda de (inserir a ação pretendida) + o benefício?"
- "O que acha de (inserir a ação/pedido/desejo preten-dido) + o benefício?"
- "Tem alguma chance de você (inserir a ação/pedido/desejo pretendido) + o benefício?"
- "Eu queria que (inserir a ação/pedido/desejo pre-tendido) + o benefício."
- "Eu adoraria se (inserir a ação pretendida) + o be-nefício."
- "Eu gostaria tanto que (inserir a necessidade/pedido/desejo) + o benefício."
- "Que tal (inserir a ação pretendida) ou (inserir a ne-cessidade/pedido/desejo) + o benefício?
- "E se (inserir a ação pretendida) ou (inserir a necessi-dade/pedido/desejo) + o benefício?"

Eis a diferença entre encantar os homens — ou não:

- "Que tal irmos (ação pretendida) ao nosso restaurante italiano preferido hoje à noite? Eu sei que você ama o *rigatoni* ao molho de nata deles..." E *não*: "Você nunca me leva para jantar fora, seu pão-duro!"
- "Que tal se a gente fosse para a cama e transasse hoje à noite?" E *não*: "Você está sempre cansado demais para fazer sexo! O que há com você?"
- "Querido, estou a fim de sair (observação). Que tal se eu vestisse uma roupa bem sexy (benefício dele) e a gente fosse dançar (sugestão)?" E *não*: "Detesto ficar sempre em casa sentada no sofá. Seu chato!"
- "Que tal você dar um jeitinho (pedido) no nosso quintal hoje, para poder chamar seus amigos para um churrasco (benefício)?" E *não*: "Precisamos nos livrar de todo esse capim!"
- "Que tal se eu pagar esta pilha de contas e você me pagar *de outro jeito* hoje à noite?" E *não*: "Estou cheia de pagar todas essas malditas contas, e ficar satisfeita na cama que é bom, nada!"

Elogios fazem milagres

Fazer elogios é uma ótima maneira de iniciar uma frase com um pedido/benefício. Você deve procurar incluir o máximo de elogios sinceros e observações positivas, sem soar (ou se sentir) falsa. Muitas observações também podem servir de elogio. Uma ótima combinação para encantar homens é elogio-sugestão-elogio. Dessa forma, você sempre inicia e conclui num tom agradável.

Exemplos:

- "Você está malhando? Seus bíceps estão tão definidos! (elogio) Será que você poderia usar esse muque para carregar as caixas com minhas roupas de inverno lá para o sótão? (pedido) Elas estão muito pesadas, mas eu sei que você tem força suficiente para tirar isso de letra. (elogio)"
- "Uau, você é tão bom de cama! (elogio) Oh, um pouquinho mais para a esquerda (pedido)... isso, aí mesmo... você nasceu para isso! (elogio)"

Você pode atacar com um elogio mesmo quando sua necessidade/pedido/desejo é que ele se exercite mais na academia porque a barriga dele está ficando flácida demais. Se você elogiar uma parte do corpo, ele vai querer que as demais entrem em forma também, para lhe agradar. De forma análoga, se você louvar o único aposento apresentável do apartamento dele e fizer uma observação sutil sobre os outros, isso vai fazê-lo querer limpar e arrumar o resto!

Lançando mão de observações casuais

Além dos elogios, fazer simples observações é um modo eficaz para introduzir gentilmente um pedido (novamente, nada de pegar no pé). Eis alguns exemplos de observações:

- "Parece que (insira a observação)..."
- "Sou só eu ou (insira a observação)..."
- "Oh, seus X estão ficando tão Y..."
- "Isso é (insira descrição)..."
- "Mas que (insira descrição)..."

- "Eu andei lendo sobre (insira necessidade/pedido/desejo)..."
- "Acabei de ouvir que (insira observação)..."
- "Eu estou tão (insira o sentimento), mas não há (insira observação)..."
- "Tenho vontade de (insira necessidade/pedido/desejo)..."
- "Acabei de ler um artigo sobre os benefícios que comer peixe trazem para a saúde (observação). Você acha que devíamos tentar fazer uma refeição de frutos do mar uma vez por semana, em vez de nossa noite de hambúrgueres? (pedido)"
- "Ouvi dizer que abriu um novo restaurante mexicano no centro da cidade (observação). O que acha, vamos conferir um dia desses? (pedido)"
- "Parece que o dia lá fora vai ser maravilhoso (observação). Uma ida à praia cairia bem. O que você acha? (pedido)"
- "É impressão minha ou está vindo um cheiro bem ruim da lata de lixo? (observação)"

Passo 3: Feche a matraca!

Quando um silêncio se estabelece durante uma conversa séria com seu homem, você imediatamente o preenche com soluções pré-concebidas para o problema em questão? Seu homem provavelmente chega a ficar com o olhar perdido enquanto desvia a atenção de você e começa a revirar os olhos ou conferir o relógio. Está na hora de começar a prezar o silêncio e adotar o Passo 3 da técnica de encantar homens: fechar a matraca!

"Fechar a matraca" é uma maneira excelente de poupar sua preciosa saliva e dar um tempinho para que o homem da sua vida apresente uma solução viável para o "dilema" que você apresentou. Os homens não processam pensamentos tão rapidamente quanto as mulheres (ou, pelo menos, é o que parece!) e podem levar alguns momentos ou até horas para chegar a uma solução. Para conseguir isso, eles precisam de silêncio. Seu homem pode até precisar se recolher por um tempinho na caverna dele — portanto, deixe-o.

Quando você instaurar um silêncio saudável (lembre-se: resmungos estão terminantemente proibidos!), seu homem elaborará uma solução — e há uma grande possibilidade de que você prefira isso a ter que ficar falando, falando e falando. Pequenos momentos de silêncio fazem mágica com os homens. Depois de ter formulado um pedido, pare de falar. Aprenda a deixá-lo preencher esse espaço com uma solução.

Passo 4: Deixe que *ele* dê um jeito

Por natureza, os homens dão um jeito nas coisas — geralmente, eles pensam de forma mais sistemática do que as mulheres e gostam de resolver problemas. Em vez de tentar enfiar uma solução que você acha que vai funcionar na cabeça dele, deixe que seu homem dê um jeito no problema que você levantou no Passo 1. Isso possibilita que ele se sinta como um príncipe encantado — não importa o quão simples seja a solução. E tem mais: é mais provável que ele assuma um compromisso com a solução caso tenha sido o responsável por criá-la. Você poderá até se surpreender com a criatividade, paixão e dedicação dele — coisas com que você provavelmente vai se deparar quando passar a se segurar e deixar que ele assuma a liderança.

Passo 5: Recompense-o por resolver o problema

Você conhece a expressão "nenhuma boa ação passará sem punição"? Bem, ela foi cunhada por homens casados com mulheres ranzinzas. Quando você estiver usando a técnica de encantar homens, não omita este passo — especialmente se o feito for pequeno. Sempre aja de modo que deixe claro o quanto você apreciou o que ele acabou de fazer por você. A recompensa pode ser um beijo na bochecha, um sorriso, um apertão no braço ou simplesmente uma palavra gentil para demonstrar que você ficou feliz com o que ele fez.

Há outra maneira de encarar o apreço: crescimento. Você quer que seus investimentos (as coisas boas em sua relação) cresçam. Assim, apreciar as boas ações dele, mesmo quando diminutas, garante que elas crescerão em número e grau!

Sua demonstração de genuíno reconhecimento é apenas uma das facetas que fazem esta técnica de comunicação funcionar tão bem. Quando os homens apresentam soluções para os problemas que você levantou, acabam mostrando quem verdadeiramente são. Trata-se de um ato íntimo, que é uma das coisas pela qual as mulheres anseiam. E quando você aprecia quem eles são e o fato de estarem oferecendo soluções porque amam você e mostram o seu ser interior, você consegue mais do que eles têm de melhor.

Como os homens mostram quem são por meio do que oferecem à mulher, eles se ressentem e consideram muito doloroso quando suas soluções são desprezadas. Quando as mulheres não os apreciam, os homens se sentem rejeitados. Quando são apreciados, sentem-se amados e, assim, compartilham mais amor.

A técnica de encantar homens traz à tona o melhor lado deles

Quando você começar a encantar homens com eficácia, poderá perceber algumas mudanças em seu parceiro: ele vai se tornar mais generoso, cooperativo e atencioso. Contudo, é importante lembrar que não foi *você* que o modificou. Você simplesmente ajudou a facilitar a transformação para a qual ele já tinha o potencial e o desejo de empreender. Você inspirou seu homem a lhe agradar mostrando a ele que confia e acredita em sua habilidade de agir assim. A técnica de encantar homens também inspira aqueles que agem mais como meninos do que homens (o que é extremamente frustrante na maior parte das vezes) a se tornarem grandes homens. E inspira grandes homens a se tornarem ainda melhores.

Enquanto você simplesmente inspirá-lo a dar o melhor de si e deixar espaço para que ele o faça, seu homem jamais ficará ressentido, não jogará a culpa em você, nem pensará que está sendo manipulado de forma alguma. Ao apresentar gentilmente um problema, dar a ele tempo e espaço para que o resolva e, depois, dizer o quanto apreciou seus esforços, você estará construindo uma atmosfera saudável de amor para que a sua relação — e o seu homem — prosperem. Como resultado, podem aparecer mudanças no comportamento dele... mas ele foi o responsável por isso!

Lançando mão
da comunicação feminina

Um aspecto fundamental da técnica de encantar homens é você abraçar seu estilo feminino natural de comunicação. Pode parecer contrassenso, mas uma comunicação *feminina* realmente consegue extrair os melhores aspectos *masculinos* de seu homem. Em vez de exigir e pegar no pé para tentar fazê-lo se mexer (o que é uma comunicação violenta — que, na verdade, é um estilo de comunicação masculino!), adote o estilo de comunicação feminina — que cria fluxo sem força — para impulsionar o desejo inato do seu homem, que é lhe agradar e ser "O Maioral".

> **Comunicação feminina:** Trata-se de uma arte esquecida que consiste em falar com os homens utilizando um tom e uma linguagem específicos ao formular seus desejos, pedidos e necessidades. Ao apelar para sua predisposição geneticamente programada, esse tom e linguagem específicos inspiram o homem a cuidar de você, agradá-la e satisfazer os seus desejos, pedidos e necessidades.

Para dar o seu recado de maneira que os homens possam captar a informação (e não apenas ouvir blá-blá-blá saindo da sua boca), formule seu pedido de modo a inspirar, observar, sugerir e guiar, em vez de exigir, se colocar na posição de controle, cercear e ameaçar. O estilo de comunicação feminina funciona não somente nas relações de casais, mas sempre que se comunicar com homens, em qualquer situação — como quando leva o carro ao mecânico — ou sempre que você quiser que um homem faça algo por você.

> "Nos meus quarenta anos de casada, certamente houve momentos em que tive vontade de estrangular meu marido. Mas eu mordia a língua, dava um sorriso e mudava de assunto, passando longe de temas polêmicos ou de discussões. Embora minhas amigas achassem que eu estava atuando, posso garantir que funcionava. Aqueles foram os melhores anos da minha vida."
>
> — SILVIA, 82, APOSENTADA

A comunicação feminina em ação

Vamos utilizar a relação de Heidi e James como um exemplo de implementação da comunicação feminina.

Digamos que James chegue novamente do trabalho de mau humor. Em vez de entrar no automático e esboçar sua reação negativa (revirando os olhos, suspirando) ou lançar mão de comunicação violenta (fazendo exigências), Heidi aprendeu, treinou e colocou em prática a seguinte cena:

— Eu estava pensando... já faz muito tempo que não uso aquele vestido preto sexy que você adora. Sabe, aquele todo aberto nas costas, até aqui embaixo... — começou Heidi.

— Ahn, eu tinha me esquecido dele — retrucou James, mostrando-se um tanto intrigado.

Então, Heidi se aproximou dele, sorriu e tocou gentilmente em seu braço.

— Eu gostaria muito de poder usá-lo esta semana — disse ela com voz dengosa.

Em seguida, fez uma pausa e esperou pela reação de James. Passado o que lhe pareceu quatro longos e excruciantes segundos, ele respondeu:

— Vamos ver o que posso fazer.

Heidi aproximou seus lábios dos dele, travou contato visual e sussurrou em seu ouvido:

— Eu iria adorar.

Heidi quase caiu para trás quando recebeu uma mensagem de James no dia seguinte, na hora do almoço.

— Que tal o Nobu Sushi, sexta-feira às 8 horas?

Imediatamente, ela respondeu:

— Obrigada, querido, vou me arrumar toda e ficar linda para você!

Segundos mais tarde, o celular dela apitou novamente.

— Te amo! — dizia.

Esse tipo de comunicação com seu homem pode parecer um sonho. Mas não é. Vamos esmiuçar exatamente o que Heidi fez para conseguir o resultado que almejava.

Não faça qualquer exigência

Caso você não tenha percebido, Heidi não exigiu nada. Nadinha mesmo. Nem se queixou. Sequer procurou controlar a situação insistindo em demasiados detalhes, do tipo quando, onde e como queria ser convidada para sair. Tampouco passou por cima dele feito um rolo compressor, desvalorizando-o ao resolver ela mesma a situação e planejar uma noite especial que ele poderia vir a julgar como uma imposição.

Formule um problema para ele resolver e depois feche a matraca

Em vez de atrapalhá-lo com excesso de informação ou mil pedidos, Heidi apresentou casualmente a James *um único* problema para resolver. E procedeu através de uma observação casual sobre o seu desejo de usar um vestido sexy. Então, ela comunicou quais seriam os benefícios para o marido caso ele aceitasse resolver o "dilema" de ela querer ser convidada para sair (ele poderia curtir o corpo sexy dela e se sentir "o cara" e um garanhão ao exibi-la ao seu lado). Depois, Heidi fechou a matraca. Aguardou sua resposta e deixou que ele falasse sem interrompê-lo. Assim, James teve a oportunidade de resolver o problema do seu jeito, pensando inclusive que o programa era uma brilhante ideia dele.

Lance mão de comunicação não verbal persuasiva

As "falas" de Heidi constituem uma mistura de comunicação verbal e não verbal. Ela sorriu para que o marido soubesse que ela não estava brava, criando um espaço amoroso em que ambos poderiam cooperar com sucesso. Ela também o tocou de forma gentil, para reforçar o fato de que não iria gritar, resmungar ou puni-lo por não tê-la agradado no passado. Essa comunicação não verbal serviu como um reforço do pedido dela, formulado num modo positivo que a mente de seu homem conseguiu registrar de fato.

Quando James ofereceu uma solução para seu "dilema", ela o elogiou via SMS e ainda encheu a bola do marido por ele ter tido a brilhante ideia de levá-la a um bom restaurante. Esse reforço positivo é um modo infalível para despertar nele a vontade de ser "O Maioral" com mais frequência a partir daí!

Suavize sua conduta

"O Maioral" detesta se meter em confusão. E quando você o perturba resmungando, ele imediatamente se sente diminuído — como um garotinho que arranjou problemas na escola e acabou de castigo, de pé, virado para um canto da sala.

Acrescente pequenos preâmbulos, como "hein, amor", ou então "poxa..." antes de tocar no assunto, porque isso suaviza o impacto do pedido. Ademais, isso demonstra que você está tranquila e não vai atacar seu pobre homem. Portanto, seja sutil! Vá aparando suas arestas. O fato de saber que não está encrencado faz com que seu homem se sinta seguro o bastante para entrar em ação e ser o herói. Aliviar sua conduta permite ao homem sentir-se suficientemente confiante para lhe mostrar quem ele é e lhe dar tudo o que puder.

Deixe que ele decida

Lembre-se de que parte da sabedoria que fundamenta o método de encantar homens é preparar seu parceiro para que ele seja o líder confiante da relação de vocês. Ele é quem toma as decisões; afinal, ele é "O Maioral"! Mas, lembre-se, ele está tomando decisões para agradá-la porque você está comunicando o que quer. Tudo é uma questão de sugerir a ele gentilmente suas necessidades e pedidos, de tal maneira que ele sempre acerte na mosca. Homens maduros querem ser heróis quando se trata de agradar às mulheres.

Heidi deixou que James escolhesse o dia, a hora e o restaurante. Ele decidiu sobre esses quesitos. Ela não precisou controlar as minúcias do programa em si; simplesmente formulou seu pedido e permitiu que ele resolvesse os detalhes. Esteja preparada para relaxar e deixar seu homem tomar algumas decisões.

Seja paciente!

Não se deve esperar resultados imediatos da técnica de encantar homens. Afinal, tanto você quanto seu parceiro precisam se acostumar ao novo estilo de comunicação, à resolução de problemas e à apreciação. Contudo, a paciência compensa! Portanto, exponha com delicadeza suas necessidades, carências e desejos, até que seu homem enfim tome a atitude de colocar em prática aquilo que ele pensa ser sua própria ideia brilhante. Eureca! Você conseguiu o que queria.

Mas não desanime se inicialmente ele discordar de sua sugestão, observação ou pedido. Seu homem pode ser contra ou passar por cima do que você falou; às vezes, isso faz parte do processo! O objetivo é fazer com que ele pense que a sugestão ou pedido foi ideia *dele*. Porém, quando o processo é novidade, ele ainda não possui prática ou confiança suficientes para pensar assim. Logo, continue plantando essas sementes e formulando pedidos gentis. Não pare de lembrá-lo dos benefícios, mostrando que agradá-la é do próprio interesse dele. E então aguarde. Na maioria das vezes, o assunto volta a pipocar depois, ocasião em que ele vai oferecer exatamente a mesma sugestão que você tinha levantado; só que, neste momento, a ideia maravilhosa será dele. Agradeça e parabenize-o carinhosamente, mostrando seu apreço. Confie no processo.

Lembre-se de que você está fornecendo toda a informação necessária para seu homem tomar uma decisão pensando em você. Alguns homens sabem fazer as perguntas certas para obter as informações necessárias para agradar às mulheres, mas a maioria não sabe. A técnica de encantar homens trata de ministrar a eles a peça que falta, em vez de exigir que eles leiam seus pensamentos. O processo leva tempo, portanto, segure a onda.

Não tome o crédito para si

Mesmo que a solução que seu parceiro arranjou seja exatamente a que você havia sugerido, nunca faça menção de assumir o crédito por ela. Jamais. É imperativo que ele acredite que o que você propôs é, na realidade, ideia dele mesmo.

O quê?, você deve estar se perguntando, indignada. *Eu tenho uma ideia maravilhosa e sou obrigada a deixar o crédito todo para ele?* Bem, sim. É um preço módico para conseguir o que você quer. Quando seu marido chegar em casa com um Volvo novinho em folha para a família, abstenha-se de comentar: "Ah, você finalmente comprou o carro que eu estou te mandando comprar há três anos!" As mulheres que não adotam o estilo de encantadoras de homens cortam as asas deles quando explicitam: "Isso foi o que *eu* falei!" Sorria simplesmente com seus botões e, se preciso for, conte a história para suas amigas quando for tomar uns drinques com elas. Lembre-se do elemento constitutivo da técnica de encantar homens que, na maior parte das vezes, combina fechar a matraca e morder a língua. Não se afaste do método e aprecie o fato de ele ter chegado à mesma conclusão que você.

ATENÇÃO! *A influência do homem na comunicação*

Nosso amigo Scott Solder, coautor de *You Need This Book to Get What You Want*, nos deu uma excelente sugestão no que tange à comunicação com os homens. Ele afirma que você pode entrar em sintonia emocional com seu parceiro ao adequar seu humor ao dele, de modo a estar no mesmo estado de espírito *antes* de formular seu pedido. Você pode até espelhar o tom de voz ou postura dele. Se ele estiver otimista e feliz, aja de forma otimista e feliz. Quando ele estiver calmo e quieto, mostre-se assim também. Scott alega que "funciona muito melhor abordar uma conversa nesses termos do que simplesmente chegar ao ponto diretamente, do nada — especialmente se vocês estiverem em estados de espírito diferentes naquele momento".

Os dez principais mantras da técnica de encantar homens

Você está prestes a ser introduzida aos fundamentos básicos que deve ter em mente conforme começa a criar a felicidade em sua relação por meio da técnica de encantar homens. Mantenha esta lista em sua bolsa o tempo todo; pense nela como uma referência rápida, um apoio instantâneo ou, caso precise, um rápido chute no traseiro para colocá-la de volta no caminho quando sentir que está se perdendo!

1. **Não reprimirás o afeto físico do teu homem.** Não reprima o sexo e o carinho do seu homem, substituindo-os por dar gelo, olhares hostis e patadas. Se você acredita que esse comportamento vai fazer com que ele de repente comece a fazer aquilo que você quer, saiba que está redondamente enganada. Pelo contrário, seu homem vai se retrair ainda mais, ficar irritado e indisposto a agradá-la.

2. **Não punirás os homens por maus comportamentos insignificantes.** Pare de mandá-lo dormir no sofá. Recompense o bom comportamento e não esquente com ninharias. Em vez de se aborrecer com meias sujas largadas no chão, jogue-as no cesto e siga com sua vida.

3. **Desistirás da necessidade de impressionar os homens com tuas conquistas.** Os homens se apaixonam por sua personalidade, não pelas montanhas ou hierarquias corporativas que você escalou. Não recite seu currículo para ele — o que você está buscando é um relacionamento, não uma carreira.

4   **Fecharás a matraca e deixarás que ele resolva.** Seu homem pode precisar de um momento — ou algumas horas — de silêncio para pensar e chegar sozinho a um plano de ação para agradá-la. Não precisa dar "uma mãozinha" a ele e resolver tudo por conta própria.

5. **Jamais simularás um orgasmo.** Fingir só o leva erroneamente a pensar que é um Don Juan e deixa você perpetuamente insatisfeita. É uma situação em que todos saem perdendo!

6. **Jamais colocarás um homem, ou tua relação com um homem, acima de tua segurança.** Sua segurança é fundamental e você não deve tolerar abusos de qualquer espécie.

7. **Não te queixarás, fofocarás ou falarás mal de teu homem para terceiros.** Morder e assoprar só funciona para piorar as coisas. Se pretende fazer uma higiene mental, deixe que apenas terapeutas de confiança ouçam todos os detalhes envolvidos na questão.

8. **Não pegarás no pé do teu homem.** Ser ranzinza é a antítese do método descrito neste livro e o tiro sai pela culatra todas as vezes.

9. **Sempre recompensarás o bom comportamento dele oferecendo respeito e apreço (e o prato favorito dele).** Um sistema saudável de recompensa indica a seu homem que ele acertou no alvo ao querer agradá-la.

10. **Não procurarás modificar os homens.** Antes, ame-o como ele é e encante-o para extrair o melhor dele.

Mais mantras de encantadoras de homens

Capítulo 1

- No início, aprender e implementar os fundamentos da técnica de encantar homens pode parecer um tanto forçado. Porém, lembre-se de que é um processo que você torna seu à medida que o domina.
- Misture as diferentes partes do processo (pedidos, observações, elogios) em ordens variadas que façam sentido para você.
- Independentemente de como você proceder, o objetivo permanece o mesmo. Você quer estimular o desejo natural que seu parceiro tem de agradá-la e ser seu herói, ao deixar que ele "resolva" seu problema ou preocupação. Depois, é só apreciá-lo e elogiá-lo por isso!

CAPÍTULO 2

Mitos e equívocos sobre a técnica de encantar homens

Doze erros de comunicação que podem lhe custar um verdadeiro amor (e sua sanidade!)

"As mulheres têm um instinto maravilhoso a respeito das coisas. Conseguem descobrir tudo, menos o óbvio."
— OSCAR WILDE

"O óbvio é relativo."
— DONNA E SAM

"Não estou muito convencida dessa ideia..."

Vamos logo ao que interessa e tratemos de seus temores e dúvidas no que tange a técnica de encantar homens. Você acha que não deveria mudar seu estilo de comunicação em função de um homem? Que ele deve atender aos seus pedidos, independentemente de como você os formular? E que você deve ter o direito de impor exigências ao seu homem e falar o que pensa? E o que me diz do feminismo e da igualdade de direitos? Você pode estar pensando que, nos dias de hoje, conquistou o direito de levar seus relacionamentos do seu próprio jeito! Então, por que você deveria fechar a matraca, deixá-lo resolver as coisas do jeito dele, afagar seu ego e ainda esperar até que ele faça o que você queria?

Pelo simples fato de que, assim, você conseguirá o que quer em suas relações amorosas. Este é o xis da questão. Esse tipo de comunicação feminina atinge diretamente a mente do homem, de tal maneira que ele reage do modo como você quer, sem que fique ressentido ou se sinta usado ou manipulado. Em vez de apelar para o clássico cabo de guerra constante para saber quem está certo ou errado, quem está fazendo mais ou menos, ou seja lá qual for a briga do dia, utilize a técnica de encantar homens para inverter isso tudo. Infelizmente, tudo, da tecnologia moderna ao feminismo, modificou (e confundiu!) a forma como os homens e as mulheres se comunicam e, assim, a comunicação eficaz entre os sexos tornou-se uma arte em extinção — mas nossa intenção é trazê-la de volta!

A maior parte das pessoas pensa em termos de oposição. As mulheres, às vezes, pensam que precisam escolher entre ter uma relação feliz ou uma carreira bem-sucedida, que infelizmente não deixa espaço para homens. E, justamente, a beleza da técnica de encantar homens é sua mentalidade de "sim, e". Afirmamos: "Sim, sou bem-sucedida em minha carreira e tenho uma relação afetiva que me realiza, de uma forma que me revigora e me mantém jovem de espírito." Seguem-se alguns outros mitos acerca da técnica de encantar homens, que podemos desmascarar agora mesmo.

Mito n° 1: "Encantar os homens significa que eu vou mudar meu homem."

Infelizmente, é comum que uma mulher inicie uma relação com um homem pensando que ele tem o potencial para se tornar o que ela quer, em vez de aceitá-lo como ele realmente é. "As mulheres tratam os homens como seu projeto pessoal", disse-nos, certa vez, um homem. Meninas, se quiserem perder um cara, vão em frente e tratem-no como seu projeto pessoal. Não é o que nós recomendamos.

Mesmo assim, uma mulher pode estabelecer uma relação sob a falsa impressão de que ela vai modificar o homem até que ele fique de um jeito que a agrade, e que, somente então, ela vai se sentir bem na relação com ele. Ela pode acreditar piamente que uma pequena pitada de seus dotes femininos vai fazer o homem cair sob seu encanto e que ele vai se transformar magicamente de bad boy em cara legal (Sandra Bullock aprendeu a lição da pior maneira!); de gordinho preguiçoso em fisiculturista; ou de tímido frequentador de biblioteca em Don Juan extrovertido. Certamente, depois de ler este livro e colocar seus princípios em prática, é muito provável que seu homem mude. Contudo, vamos repetir mais uma vez... *você não vai mudá-lo*. Ele vai mudar porque quer ficar com você. Você vai fazer com que ele saiba o que você precisa dele, e ele vai tomar as providências para garantir que você seja feliz. Por esse motivo, a mulher que adota o método de encantar homens permanece calma, tranquila e concentrada, e jamais se desespera. Sabe quando fechar a matraca e deixar que ele resolva a questão; de fato, do ponto de vista biológico (conforme explicaremos nos capítulos seguintes), é exatamente o que os homens são programados para fazer. Assim, deixemos que eles operem da melhor forma possível.

Mito n° 2: "Eu preciso pegar no pé dele... caso contrário, ele nunca faz nada!"

Se você ainda não se convenceu de que pegar no pé não funciona, talvez o faça ao ouvir os próprios homens dizerem isso. Toda vez que fazemos pesquisas entre os rapazes, em nossas mesas redondas sobre as técnicas que descrevemos aqui, todos apresentam queixas similares. E elas não giram em torno de você não ser parecida com a Heidi Klum, ou deixar a torrada dele queimar, ou não fazer sexo oral o bastante. Jamais ouvimos alguém se queixar de que a bunda da parceira está grande demais ou de que ela usa sandálias Anabela da coleção do ano passado. Não é nada disso. Os homens continuam a eleger a rabugice como principal problema. "Se ela parasse de pegar no meu pé o tempo inteiro, em vez de tentar afastá-la de mim, eu poderia até fazer o que ela me pede!", alegam eles, frustrados, perdidos e derrotados.

Se você pegar suficientemente no pé do seu homem, ele vai embora — seja no nível mental e emocional, seja legalmente, no papel. O fato de você resmungar o leva a pensar que nunca está feliz e que é impossível satisfazê-la. Se você ficar ranzinza demais, ele desistirá de você e da relação. Portanto, corte o problema pela raiz. Afinal, os homens não escutam quando você fica resmungando.

> **O território da rabugice:** Período em que você exige, ridiculariza ou até boicota seu parceiro para que ele entre em ação. Esta é você em pleno território de rabugice — e bem longe do campo de encantadora de homens!

Existe uma maneira de fazer com que seus pedidos sejam atendidos, sem resmungar: use a técnica de encantar homens!

Mito n° 3: "Encantar os homens não seria 'fingimento' ou manipulação?"

A frase "finja até conseguir" guarda uma tremenda sabedoria. Com efeito, há um aspecto de atuação na comunicação com os homens — você deve controlar suas ações, reações e atitudes, exatamente como um ator faria no palco (caso queira resultados). A reação que você tem de imediato pode não ser sempre o melhor curso de ação a ser tomado, especialmente no calor do momento. Quando você substituir sua *persona* inflexível e capaz de fazer tudo sozinha por outra mais meiga, com quem um homem possa realmente estabelecer uma ligação, você poderá se sentir, no início, como se estivesse fingindo ou atuando. Mas logo você verificará importantes avanços e perceberá que está realmente desfrutando muito mais da relação do que quando se achava na obrigação de pegar no pé ou implorar. E, sejamos sinceras por um minuto, você realmente *quer* pegar no pé? Não! Você quer ter uma comunicação amorosa com seu homem. E é isso que encantar homens lhe possibilita fazer. Em vez de insistir no que não funciona, desista e modifique comportamentos habituais que não lhe servem para nada. Comece a agir de um jeito diferente com ele. Não é fingimento quando você decide que quer melhorar suas atitudes e reações!

ATENÇÃO! *Não manipule*

Encantar homens não tem nada a ver com manipulação. Em vez disso, trata-se de ajudar e inspirar os homens a fazer o que eles são destinados a fazer: criar soluções, resolver problemas, cuidar de você e ser generosos para demonstrar afeto.

Tomemos como exemplo a ambiciosa Sarah, de 29 anos. No trabalho, ela é uma fera: é a melhor da equipe de vendas, tem fama de fazer visitas surpresa destemidamente, e nada a detém quando se trata de conseguir as melhores contas. Entretanto, assim que abre a porta de casa e encontra seu parceiro, ela age como uma mulher totalmente diferente.

— Adoro deixar meu homem no comando — afirma. — É como estar de férias. A vida fica mais fácil. Já não acho mais que eu tenha de resolver tudo por minha conta.

Certo, ele se perde com frequência e se recusa a pedir informações. E tudo bem, a comida dele é bem mais ou menos, mas ele adora cozinhar — sendo assim, ela fica feliz de elogiar seus pratos e curte o fato de ele estar cozinhando (e dirigindo) para que ela possa relaxar! Descubra quais são as virtudes dele; mesmo que ele não seja o melhor em algum aspecto (e que você saiba fazer melhor), é importante deixar que ele assuma o comando e assegurar-lhe o espaço necessário para fazer algo de que ele gosta e que o faça se sentir bem consigo mesmo. Concentre-se menos no resultado final e o elogie por ter tomado a iniciativa de fazer coisas... como preparar o jantar para você! Não há problema algum em deixar duas vertentes conviverem dentro de você — uma que assume a liderança em certas circunstâncias, e outra que relaxa em outros momentos.

Mito n° 4: "Não posso ser feminista e encantadora de homens ao mesmo tempo!"

Durante discussões em torno da técnica de encantar homens, a pergunta que surge frequentemente é: "Encantar os homens não vai contra o feminismo?" E nossa resposta é decisiva: "Não!" Somos ambas feministas de carteirinha e sabemos que é absolutamente possível ser feminista e usufruir dos benefícios da nossa técnica. O problema que detectamos é que, ao passo que o feminismo fez milagres para as mulheres em muitas esferas — desde o local de trabalho até o sexo, passando pela política — também acabou confundindo totalmente ambos os sexos no que diz respeito aos relacionamentos amorosos de hoje. Por estarem conquistando o que almejavam em suas carreiras, muitas mulheres cometeram o erro de pensar que, para conseguir o que queriam em suas vidas amorosas, bastaria insistir na questão da igualdade. Muitas acreditavam que o mesmo comportamento e as mesmas atitudes utilizados na esfera do trabalho também lhes conseguiriam amor, carinho e um marido loucamente apaixonado.

E quem poderia nos culpar? Afinal, os especialistas também abraçavam essa ideia. Começaram a pipocar livros e artigos mandando as mulheres "pensarem como homens", "agirem como homens", "serem mais masculinas", "serem agressivas", e incutindo-lhes a ideia de que "mulheres boazinhas ficam pra trás". Disseram-nos que, se agíssemos de modo mais masculino — convidando os homens para sair, fazendo sexo quando quiséssemos, usando calças compridas e mandando no pedaço — conseguiríamos o que queríamos.

E essa estratégia funcionou por um tempinho (bem... quase). Não demorou muito para que os homens se entediassem. Tornaram-se complacentes e começaram a usar as mulheres para comer de graça, em todos os sentidos. Enquanto isso, as mulheres que achavam que podiam fazer sexo "como homens" estavam sendo enganadas pelo seu cérebro feminino. É porque a cada vez que nós, mulheres, vamos para a cama com alguém, secretamos um hormônio chamado "ocitocina", que nos leva a praticamente nos apaixonarmos pelo cara com quem acabamos de transar — mesmo se tivermos acabado de conhecê-lo (e até mesmo se for o Sr. "Espero Que Ninguém Fique Sabendo Disso"!). Se você quer fazer sexo como homem (e não há nada de errado com um pouco de ação entre quatro paredes, desde que você tenha clareza das próprias intenções desde o início), vá em frente! Contudo, se quiser ter um relacionamento bem-sucedido com um homem (e não apenas uma amizade colorida), concentre-se em ser *complementar* a ele, em vez de se impor de modo tão violento. Relacionamentos amorosos bem-sucedidos resultam da utilização da comunicação feminina para ressaltar as qualidades masculinas de seu homem — e não o contrário! Concentre-se numa união complementar na qual cada um respeite e acolha as diferenças do outro, enquanto ambos crescem e aprendem mais sobre si mesmos e o parceiro.

> **Relacionamentos complementares:** as melhores relações afetivas não são as de igualdade, mas as de complementaridade. Num relacionamento complementar, você dá espaço aos pontos fracos e fortes de cada um, em vez de tentar fazer com que ele seja e sinta do mesmo jeito que você. Os relacionamentos complementares asseguram uma tremenda liberdade para ser você mesma.

A maioria das feministas acredita que o feminismo deve lhes garantir tudo aquilo a que os homens têm direito — especialmente no local de trabalho. Isso significa pagamento igual, oportunidades iguais e respeito igual. Todavia, "igual-dade" no relacionamento afetivo se mede com noções muito mais difíceis de quantificar, como amor, respeito mútuo e felicidade. A chave para uma relação bem-sucedida é *ambos* gozarem de todas essas noções. A técnica de encantar homens vai ajudá-la a utilizar sua feminilidade inata para conseguir todos esses objetivos na sua relação, para que possa ser tão feliz e descontraída quanto seu homem. Nenhum dos dois deve se sentir desvalorizado ou sobrecarregado.

Mito n° 5: "Se eu usar a técnica de encantar homens, vou me tornar uma mulher 'Amélia'."

De jeito nenhum! Não se trata de virar uma "Amélia", uma mulher subserviente ao seu homem. A "Amélia" coloca o parceiro acima do próprio bem-estar e joga fora seus sonhos para preservar o que normalmente se trata de um relacionamento doentio. As mulheres "Amélia" se rebaixam para conseguir um homem, um compromisso e o almejado anel de brilhante. Você pode perceber isso quando elas não planejam fazer nada só porque "vai que ele liga" — e então ficam ensandecidas quando ele manda um SMS às 22 horas, dizendo: "Oi, td bem com vc?" As "Amélias" tampouco se manifestam quando os homens fazem algo com que se sintam desconfortáveis — como dar em cima de suas amigas. Encantar homens tem a ver com recuperar seu poder feminino. Trata-se de perceber o jeito com que os homens pensam e lançar mão dessa informação para inspirá-los a tomar atitude, sem ressentimento. (As "Amélias" guardam toneladas de ressentimentos; elas mantêm uma contabilidade secreta — você não!) Quando se trata de relacionamentos, é imperativo garantir que vocês dois formem uma equipe e que todas as situações sejam boas para ambos. A técnica de encantar homens faz ele achar que está no comando porque você permite, e não porque você não pode resolver o problema sozinha. Nós sabemos que você consegue. A técnica descrita neste livro faz com que ele saiba também!

Mito n° 6: "Preciso impressionar um homem para que ele me ame."

Você já percebeu, durante um jantar num restaurante, a mulher se esforçando enormemente para impressionar o homem, ao passo que ele parece prestes a cochilar e cair com a cara no prato? Já vimos esse filme demasiadas vezes: mulheres que, num encontro romântico, vangloriam-se de atos de bravura sem paralelo e de conhecimento sem igual em política, que demonstram perícia com a carta de vinhos e contam sobre viagens a regiões remotas do planeta.

Falando sério, meninas, por que desbancar o homem que só espera admiração e quer conquistar seu coração com suas próprias histórias de bravura e virilidade? Temos certeza que você tem várias histórias maravilhosas para contar e que fariam seus seguidores do Twitter se roerem de inveja. No entanto, um primeiro encontro romântico não é o lugar ou a hora certa para relatá-las. Com suas histórias de aventuras e realizações, você não vai conseguir o que realmente almeja. Por quê? Porque os homens não se apaixonam por realizações. Os homens se apaixonam pelas qualidades interiores, como humor, concepção de mundo e amabilidade — e não por quantas vezes você praticou mergulho em meio de tubarões assassinos!

Portanto, quando sair com seu homem, caso você se flagre dizendo:

"E aí eu escalei o Kilimanjaro, depois de trabalhar como voluntária no orfanato, logo após eu ter salvado um filhote de baleia. E sabe o que eu descobri? Os políticos do Zimbábue são tão corruptos quanto..."

Ou:

"Falo três idiomas e já fui a 21 países diferentes. Ah, e posso pedir nossa refeição em italiano, alemão ou francês. O que vai querer?"

Ou:

"Sabe, eu achei que Harvard seria um desafio muito maior..."

Ou qualquer coisa nesse sentido. Feche a matraca! Mesmo que esteja no meio da frase, simplesmente pare. Sorria e pergunte algo sobre ele. Dessa forma, seu encontro não se transformará numa espécie de competição para ver quem é melhor. Porque, meninas, se isso acontecer, vocês vão perder. Talvez não a discussão, mas com certeza o homem.

Desbancar: Desbancar acontece quando uma mulher desfia uma longa lista de realizações (ainda que) espantosas, na esperança de impressionar um homem para que ele se apaixone por ela. Aqui vai a novidade: isso não vai acontecer. Desbanque um homem e ele vai desistir totalmente de tentar impressioná-la. Você roubou a cena dele.

Quando tenta impressionar um homem, você está roubando a cena num momento em que ele poderia estar tentando impressionar você. Assim, ele se sente um pouco como um patinho feio que não poderá fazer nada para chamar sua atenção, pois você sempre vai superá-lo com suas próprias realizações. Ele sente não ter nada para lhe oferecer e, portanto, passa a achar que nem precisa se dar ao trabalho.

Se você gostar dele e quiser que ele se sinta suficientemente homem para pedi-la em casamento, concentre-se em aprender coisas a seu respeito, enquanto gentilmente compartilha partes da sua própria história, sem bombardeá-lo com muitas informações. Espere até que ele formule a pergunta, como por exemplo: "Em que faculdade você se formou?" E, mesmo que tenha frequentado Harvard, responda com humildade. Lembre-se: os maiores gênios são os mais humildes. Ou então, se você for uma geneticista famosa e ele perguntar sobre seu trabalho, você pode formular sua resposta enfocando uma história interessante ou engraçada do seu campo de trabalho. Por enquanto, omita suas realizações. Não é isso que vai fazê-la querer um compromisso sério com você. Quanto mais tempo ele passar em sua companhia, mais descobrirá sobre você — inclusive cada uma das suas vitórias.

Contudo, se realmente quiser conversar sobre seus feitos, pode fazê-lo formulando-os da seguinte maneira:

- "Sou fascinada por..."
- "Estou tão feliz que..."
- "Tive muita sorte de..."
- "Fico espantada que..."
- "Eu fico tão aborrecida quando..."
- "Sabe, o que acho mais interessante é..."

Tente associá-los a um sentimento ou a uma observação, em vez de atirá-los como fatos. Isso evitará que ele pense que você é hiperativa e que talvez não haja tempo para um homem na sua vida!

E, meninas, tomem cuidado: caso ele seja um certo tipo de homem (do tipo mais moleque do que homem), o fato de você contar todos os seus sucessos pode impressioná-lo suficientemente para fazê-lo pensar: "Talvez ela me leve no seu próximo safári e pague a conta!"

Mito n° 7: "Existe um homem perfeito para mim em algum lugar."

Já ouviu alguma mulher reclamar que "Ele não é suficientemente romântico" (quando ela requer um tipo de atenção ridiculamente específica para se sentir amada), "Ele não liga para minhas necessidades" (quando ela espera que o homem adivinhe seus pensamentos para descobrir que necessidades são essas), "Ele nunca liga exatamente no horário que marcou" (quando ela não se dá conta de que os homens têm uma noção de tempo diferente) ou a popular "Ele simplesmente não me entende" (quando ela espera que ele realize suas vontades e fantasias mais recônditas e *não declaradas*)? Falando sério, meninas, essas queixas são mesmo o problema? Na verdade, não. Muitas vezes, as mulheres dispensam prematuramente um homem por causa de certas qualidades ou comportamentos com que ela não se sente confortável, devido a problemas dela (ou sua insana lista de exigências, à qual ele não adere).

Então, a mulher rompe com um "homem imperfeito", confiante de que pode vir a encontrar um mais perfeito em outra parte. E de fato encontra outro, porém logo se dá conta de que está vivendo exatamente os mesmos problemas. É o mesmo cara, com nome diferente. Você conhece a situação. Depois de alguns encontros desse tipo, tudo vai por água abaixo. A mulher começa a pensar que, talvez, o problema não seja com os homens, mas com *ela*. Não obstante, a base do problema não está onde ela pensa estar. Não é a aparência, o peso ou qualquer outro fator exterior que afugenta os rapazes. O problema é que ela simplesmente não está procurando um homem compatível. Ela está em busca do homem perfeito — que, diga-se de passagem, é invencionice de uma imaginação romântica embalada em contos de fadas e episódios de *Sex and the City*.

Esqueça a perfeição. Perfeição é para mulheres que querem continuar solteiras. E tampouco é garantia de amor duradouro. Quantos casais "perfeitos" você conhece que se separaram? Além disso, ao dizer "eles são perfeitos um para o outro", o que realmente queremos transmitir é que eles são bastante complementares. Você conhece casais assim — ela é muito feminina, e ele, todo machão; ele é engenheiro, e ela, artista independente. Entretanto, o que os une é muito mais forte do que aquilo que os separa, independentemente do quão diferentes pareçam ser. Complementam um ao outro, e ela o aceita com seus defeitos e fraquezas.

Pois é, todos os homens possuem defeitos e fraquezas. A técnica de encantar homens não trata de transformá-los em seu par perfeito, para que você se sinta "confortável" pensando estar no controle da situação. Quando se trata de lidar com seu homem, sempre haverá algo que você desejaria que fosse diferente. E sempre haverá coisas que ele gostaria que fossem diferentes em você. Nenhum dos dois é perfeito — mas podem ser perfeitos um para o outro se você aprender a se comunicar de forma eficaz. É aí que a técnica de encantar homens entra e funciona como um milagre. De repente, a grama do seu lado da cerca vai ser a mais verde.

Mito n° 8: "Duvido que a técnica de encantar homens funcione com caras imaturos."

Pode funcionar, sim. A técnica pode transformar um menino num homem maduro e viril. Por quê? Porque o inspira a se tornar um homem. É ele quem está resolvendo problemas e tomando a iniciativa — essas ações naturalmente farão com que ele passe a demonstrar um comportamento mais maduro. A técnica de encantar homens possibilita-lhe apresentar suas carências, desejos e necessidades de um jeito mais bem compreendido pela mente masculina, mesmo quando esta ainda está... amadurecendo. Isso mesmo: não importa o quão imaturo ou egoísta seu homem pareça ser, a nossa técnica pode encorajá-lo a crescer. Pelo seguinte motivo: quando você parar de dar conta de tudo, planejar tudo, tomar todas as decisões e resolver tudo você mesma, oferecerá a ele o tempo e o espaço necessários para crescer e pensar em soluções por si mesmo. Você também emite a mensagem que não aceita comportamentos pueris, como cancelar projetos na última hora, ou se comportar de modo egoísta, ou ser pão-duro, ou simplesmente agir como criança em vez do homem que você gostaria que ele fosse. Todos os homens adoram se meter e "tomar o controle" da situação... então, deixe que ele o faça e assista ao seu crescimento como homem. Se você continuar fazendo tudo por ele e resolver cada problema, ele nunca vai crescer. E por que o faria? Se a roupa se dobra "milagrosamente" sozinha, por que um homem pensaria em dobrar os lençóis? Tipicamente, os homens só crescem quando paramos de cuidar deles. Aprecie os esforços que ele faz quando age como homem e ele vai querer fazer mais coisas por você mais vezes.

> **Homem maduro:** Um homem que aprendeu que o mundo não existe para servi-lo; em vez disso, ele existe para servir ao mundo e é generoso com seu tempo, carinho e recursos.

Mito n° 9: "A técnica de encantar homens só funciona para homens dentro de relacionamentos afetivos."

Você pode encantar qualquer homem na sua vida — independentemente de se tratar de seu chefe, seu colega de trabalho ou seu mecânico. Na realidade, as mulheres podem usar as técnicas deste livro o dia inteiro. Em vez de agir como se você fosse totalmente resolvida o tempo todo e não precisasse de nada e de ninguém, diminua o ritmo e crie espaços para os homens agirem de forma cavalheiresca na sua vida cotidiana. Claro que você deve adequar seu estilo de comunicação à pessoa com quem estiver falando — o que seria uma forma de comunicação não verbal adequada com seu namorado não é conveniente com o chefe, por exemplo. Não obstante, você pode usar o mesmo princípio de pedidos, observações e elogios para induzir uma reação positiva em qualquer homem na sua vida.

Mito n° 10: "A técnica de encantar homens pode mudar um homem da noite para o dia!"

Muitas coisas acontecem da noite para o dia, mas mudar hábitos não consta entre elas. Seja paciente consigo mesma e com seu homem. Um dos dois pode recair em antigos hábitos de vez em quando, mas você deve se concentrar no objetivo. Quando escorregar, aprenda a lição e aborde a situação de forma diferente da próxima vez. Esse seu novo estilo de comunicação é um conjunto de habilidades que pode ser refinado e redefinido sem cessar.

Lembre-se, todo mundo dá uma escorregada de vez em quando — por isso, não se puna (ou puna a seu homem). Tire um tempo para compreender suas frustrações e, em seguida, dê a volta por cima praticando a técnica de encantar homens.

Mito n° 11: "Meu homem vai se dar conta de que estou usando a técnica de encantar homens."

Ele pode perceber que ficou mais fácil conviver com você e que você se tornou uma companhia mais divertida. Fique satisfeita com o fato de ele realmente querer estar com você mais vezes. E mesmo que ele de fato perceba (ou pegue você com este livro na bolsa), qual é o problema? Os homens que pesquisamos adoram a nossa técnica. Eles desejam nosso apreço muito mais do que imaginamos e genuinamente querem ser "Os Maiorais". Assim, no ponto de vista deles, a técnica de encantar homens é um bônus. Portanto, ele não estaria flagrando você fazendo algo terrível. Acontece que você está simplesmente tentando refinar seu estilo de comunicação para que ambos possam estar em sincronia mais vezes. Os homens se ressentem quando alguém repetitivamente pega no pé deles. Ficam frustrados e extremamente aborrecidos com isso. Como a técnica aqui descrita evita que você pegue no pé de seu homem, acredite: eles dizem que são totalmente a favor!

Lembre-se de que os homens realmente desejam ser namorados, maridos e amantes melhores. Na verdade, nunca antes havíamos visto homens abraçarem um conceito feminino tão prontamente e com tanta satisfação quanto os rapazes que pesquisamos sobre o presente método. Eles são atraídos imediatamente pela ideia, a apoiam e encorajam. Chegaram até a nos fornecer dicas para facilitar nossa tarefa de divulgá-la. A coisa mais importante, porém, é que eles afirmaram estar extremamente interessados em melhorar a comunicação.

Mito n° 12: "É mais rápido se eu fizer tudo sozinha."

No que diz respeito a muitas coisas (mas não todas!), a maior parte das mulheres é mais eficiente que os homens, porque temos a capacidade de realizar múltiplas tarefas de uma só vez. Mas e daí? Esqueça essa coisa de bancar a mártir e fazer tudo sozinha e deixe que ele faça coisas de vez em quando — planejar um programa, cuidar da decoração ou cozinhar o prato predileto dele. Você pode vir a perceber que ele tem algumas habilidades incríveis que você desconhecia. E, mais importante ainda, você estará mostrando que confia nele. Por isso, acho que vale a pena esperar um pouco para que ele faça alguma coisa.

Mantra da encantadora de homens
Capítulo 2

- Não se deixe levar nem por mitos, nem pelos detratores da técnica de encantar homens. Reconheça seu próprio valor, saiba o que você quer de sua relação e atenha-se aos princípios, porque eles funcionam... nós garantimos!

CAPÍTULO 3

Sete dias de aquecimento para encantar homens

Prepare-se para se tornar uma encantadora de homens bem-sucedida em apenas uma semana

"Por trás de todo grande homem há uma mulher revirando os olhos."
— JIM CARREY

"Por trás de todo grande homem há uma grande encantadora de homens."
— DONNA E SAM

Olhe para dentro de si

A virtude da técnica de encantar homens é que ela não somente realça o melhor do seu homem, como também realça o melhor que há em você. Você também vai se sentir mais realizada, mais feliz e menos estressada do que antes.

Para começar a gozar dos benefícios que surtirão do emprego da técnica de encantar homens, você precisa completar esta semana de aquecimento. Da mesma forma que você se alonga antes de correr ou ensaia a apresentação de um trabalho com antecedência, você precisa se preparar para encantar homens. Aqui está o que você precisa fazer, dia após dia. É mais fácil do que você pensa — então, vamos começar os sete dias da guinada para aprender a encantar os homens!

Dia 1: Ganhe perspectiva

A primeira etapa no processo de aquecimento é conseguir uma visão honesta e impessoal sobre seu relacionamento. Se neste momento os sentimentos de raiva estão borbulhando dentro de você por tudo o que ele fez e com que você ainda está zangada, vai ser difícil afagar o ego do seu homem, elogiá-lo ou ficar mais safadinha na cama. Especialmente se ele tiver esquecido o aniversário de casamento (ou outra coisa do gênero para chateá-la)... de novo.

A melhor forma de ganhar perspectiva é se afastar. Distancie-se do seu relacionamento por um tempinho, de forma física, mental e emocionalmente. Desse modo, você deixará de reagir a todos os elementos que no passado desencadearam diferenças e desativará o modo "lutar ou fugir" de sobrevivência. Quer seja uma viagem a trabalho, uma noitada com as meninas ou uma curta temporada na casa dos seus pais, tire um tempo para se afastar dele, para poder relaxar mentalmente sem ter de ficar sempre alerta para registrar a próxima transgressão dele no placar da relação.

Quando a cabeça e os ânimos estiverem descansados, será mais fácil chegar a uma conclusão. Esse afastamento é importante porque é o momento de olhar para quem você é, quem você quer ser e o que quer da relação afetiva com seu homem. Durante o afastamento, certifique-se de manter o compromisso de estar aberta a essa nova tentativa, para que sua relação tenha a melhor chance de se transformar em tudo o que você sempre quis.

ESTUDO DE CASO: THERESA

Theresa, gerente de relações públicas, 42 anos, não gostava do que sua relação se transformara. Sentia-se desgastada pelas constantes brigas e discussões com o marido, com quem estava casada havia 12 anos. Sentia-se como se estivesse vivendo a monótona vida de outra pessoa. Quando olhava no espelho, mal podia acreditar que o rosto cansado que a fitava de volta era o seu próprio. Ela achava que o marido estava sempre procurando exercer controle sobre ela, em vez de lhe dar amor, atenção e apoio. Ele exigia saber para onde ela ia, com quem, como estava o trabalho e por que ela tinha acabado de gastar uma grana preta no salão (para fazer a raiz dos cabelos, oras!). Então, ela ia à desforra, dizendo que tinha o direito a ter sua vida particular para além do casamento. "Pare de tentar controlar minha vida!", berrava constantemente. Contudo, seus argumentos entravam por um ouvido e saíam pelo outro, pois seu marido simplesmente a ignorava e aumentava o som da TV.

Quando saiu numa curta viagem a Miami para participar da festa de aniversário de uma amiga, ela comunicou ao marido que ficariam uns dias sem se falar, pois ela precisava esfriar a cabeça.

Theresa levou o biquíni, a canga e sua receita de drinque preferida e passou o fim de semana com as meninas ao lado da piscina. Conforme os dias avançavam, ela foi se descontraindo e se divertindo, conversando com pessoas novas, e até flertou com o empregado da piscina. Quando o fim de semana estava terminando, Theresa estava louca para voltar a se divertir assim... mas com o marido. E, de repente, ela se deu conta de que todos os questionamentos eram apenas uma tentativa da parte dele de voltar a participar da sua vida — da qual ela o expulsara ficando na defensiva e sendo cabeça quente. Ops!

No domingo, o marido telefonou para dizer que não via a hora de ir buscá-la no aeroporto. Esse tempo também fizera milagres para ele, que se alegrava de voltar a vê-la. Quando falou com ele no aeroporto, Theresa percebeu que a própria voz estava mais suave, doce, mais fácil de abordar. Em vez de adotar seu costumeiro comportamento irado e atitudes duronas, ela percebeu que o fim de semana sem as habituais rabugices e brigas demonstrara que os problemas entre eles não eram impossíveis de resolver. Também deixou claro que, quando ela se mostrava menos estressada e num estado de espírito melhor, ele ficava mais disposto a ouvir o que ela tinha a dizer, e feliz em poder agradá-la. Ambos se desculparam por terem percebido que estavam se aborrecendo com ninharias.

Quando você está no meio de um relacionamento complicado, é difícil conseguir uma perspectiva. Caso não possa arcar com um fim de semana fora, saia por uma tarde de paz e tranquilidade ou tire uma hora para si mesma. Na maior parte das vezes, precisamos nos afastar do que temos para descobrir seu valor. Seu relacionamento amoroso iria se beneficiar enormemente se você adotasse o costume de fazer isso uma ou duas vezes por ano. Por enquanto, utilize esse tempo para avaliar os pontos positivos e negativos de sua relação, e perceber o quanto a técnica de encantar homens pode fazer para transformar as coisas não muito boas em ótimas e tornar as coisas boas ainda melhores.

Dia 2: Perdoe seus próprios erros de comunicação do passado

Todos nós cometemos erros. Não importa o quão estúpido o seu lhe pareça em retrospecto, o melhor a fazer é se perdoar. Caso contrário, será muito difícil se abrir para aprender algo novo. E, provavelmente, você ficará repetindo os mesmos erros de comunicação que a trouxeram até aqui. Reconheça que você teve a sua parcela de culpa nos problemas de comunicação que vocês enfrentaram na relação, mas depois deixe para lá. Muitos dentre nós pensam que precisamos ficar lembrando nossos erros para não repeti-los. Mas isso não é verdade.

Parte do aspecto mágico de aprender a usar a técnica de encantar homens com seu parceiro é que isso modifica *o seu próprio* comportamento para que você possa mudar seu futuro emocional. É sempre bom saber que ao lado de cada possibilidade de fracasso, sempre há a chance de encontrar uma solução. Com a nossa técnica, você chega direto ao ponto da solução, ao mudar a forma com que se comunica com os homens... assim, terá menos chances de fracassos de comunicação. Eventualmente, não terá mais algum!

> "Passei três anos apontando o dedo e criticando. E então me dei conta: 'Ai, meu Deus — a culpa é minha também!'"
>
> — SARAH, 36, ADVOGADA.

Vamos fazer um curto passeio pela sua história amorosa. O que deu certo? O que poderia ter sido melhor? E qual foi o seu papel nisso? Que costumes, linguagem e atitudes adotadas por você no passado ajudaram a criar infelicidade na relação? Lembre-se, você só está fazendo um inventário, não precisa se martirizar por qualquer coisa que tenha feito de errado.

Exercício para aprender a encantar homens — Liste os erros que comete quando se comunica com eles.

Faça uma lista de todos os tipos de comportamento que você acha que contribuíram para o fracasso dos seus relacionamentos. Seja 100% honesta. Você sai demais, coloca suas necessidades acima das dele, flerta com ex-namorados ou trabalha o tempo inteiro? Anote tudo isso.

_____

_____

_____

_____

_____

_____

_____

_____

Ao reler os seus erros, você pode se flagrar justificando alguns deles. Pode até estar pensando: "Mas ele havia saído batendo a porta para ir jogar sinuca com os amigos, bem na hora que havia prometido ficar em casa comigo... por isso flertei com outro quando saí naquela noite!" Em vez disso, seria melhor que você perguntasse a si mesma: "Fiquei enchendo o saco dele quando ele chegou em casa? Eu o agredi no exato momento em que ele entrou pela porta? Peguei no pé dele e o repreendi por qualquer razão — mesmo que fosse uma 'boa razão'?" Caso responda sim, você pode ter contribuído para que ele saísse batendo a porta.

Nos relacionamentos, é sempre importante reconhecer sua parte do problema. Afinal, quando um não quer, dois não brigam. Também não precisa isentar seus antigos namorados (eles também cometeram erros) — você só está avaliando qual foi o *seu próprio* papel. Isso não quer dizer que você vá livrar a cara deles; significa apenas que está se libertando para seguir adiante e não carregar mágoas do passado nas costas. Ao reconhecer sua parcela de erro, você se permite aprender a mudar seu modo de agir. E isso, por sua vez, vai ajudá-la a obter reações melhores do seu homem, que é justamente o objetivo do nosso método!

Dia 3: Tome a decisão de parar de pegar no pé

Hoje vamos nos concentrar na questão de parar de pegar no pé de uma vez por todas — o que, consequentemente, vai ajudá-la a criar uma nova matriz de comunicação com seu homem. Assim que se ver livre das suas rabugices, ele não se sentirá mais ameaçado por você e não ficará na defensiva quando você lhe fizer perguntas; e, em vez de alegar ter fobia de compromissos sérios, ele vai querer correr atrás de você até chegar ao altar. Comunicar-se sem pegar no pé funciona e, combinado com os fatores genéticos naturais do seu homem, cria uma situação romântica em que todos conseguem o que querem. Você vai ter de volta o príncipe encantado que ele era no início do relacionamento; e ele vai ter uma mulher a quem ele sente saber agradar e de quem sabe cuidar.

Quando você se pegar começando a resmungar, usando frases como "Eu não pedi para você fazer isso na semana passada...", ou "Por que é que você simplesmente não...", ou "Você deveria...", pare na mesma hora. Feche a matraca. Dê um tempo para lembrar a técnica para encantar homens e pense como você pode reformular seus pedidos, adotando uma forma mais eficaz de pedido/observação/elogio que vai lhe trazer melhores resultados. Lembre-se, não deixe de usar a linguagem feminina que o faz querer ser "O Maioral".

Pegar no pé é bem diferente de lembrar carinhosamente ao homem de fazer alguma coisa. Às vezes, ele só precisa de um lembrete; todos nós esquecemos das coisas de vez em quando! Isso não é o mesmo que resmungar. Elogios fazem milagres, mesmo quando sua função é disfarçar um pedido. Por exemplo:

- "Querido, você normalmente é tão observador em não deixar fiapos de bigode na pia. (elogio) Será que você poderia tomar mais cuidado?" (pedido)
- "Você é tão responsável quando se trata de levar o lixo para fora às quartas-feiras (elogio), o que aconteceu hoje?" (observação)
- "Foi muito fofo você concordar em me levar à liquidação de móveis amanhã. (elogio) Estou na maior expectativa!" (observação)

Dia 4: Transforme-se de enchedora de saco em mulher pela qual valeria a pena escalar montanhas

Mulheres que enchem o saco não são companhias divertidas. As senhoras e senhoritas que costumam proceder dessa maneira podem achar que estão fazendo um favor ao homem ao insultá-lo, na esperança de que ele mude um pouco, mas isso apenas instaura uma barreira na comunicação. Em vez de confiar e valorizar sua opinião, ele fica com medo até de permanecer em sua companhia, por receio de fazer algo errado. Não raro, as mulheres que torram o saco descobrem que seus maridos estão saindo com outras — eles se envolvem emocionalmente com elas na esperança de terem seu ego massageado sem serem rebaixados. As enchedoras de saco costumam proferir: "Será que você não consegue combinar uma camisa com uma gravata sem a minha ajuda?!" Em vez disso, a mulher que usa a técnica de encantar homens dirá que costuma adorar o gosto dele e que acha a escolha do dia muito interessante. "Mas que tal esta aqui? Faz tempo que você não usa, e eu acho que você fica tão bem com ela!" Todo mundo fica feliz, pois é uma situação em que todos saem ganhando.

No quarto dia do seu aquecimento, chegou a hora de aceitar que você vai precisar mudar de abordagem para lidar com seu homem: seja uma mulher mais doce, e não uma enchedora de saco!

Enchedora de saco: Mulher que está sempre repreendendo e rebaixando o homem, fazendo-o se sentir tão castrado que ele desiste de vez de tentar agradá-la. "Por que me incomodar se é impossível agradá-la?", raciocina ele.

Ao se comunicar com seu homem, em vez de adotar a abordagem de encher o saco, você precisa desencavar seu lado "gatinha corajosa" e ter a noção de que, quando o assunto é o seu homem, é preciso se concentrar em ser seu complemento; o yin do seu yang.

> **Gatinha corajosa:** Ela ainda pode escalar montanhas, mas, nos relacionamentos afetivos, concentra-se em ser o complemento do homem... e não sua opositora.

Dia 5: Aprenda como mudar do lado alfa para o lado beta.

Há uma garota alfa e beta em toda mulher. O seu lado alfa é o destemido, que quer as coisas do seu jeito... do contrário, rua. Para ser bem-sucedida no âmbito do trabalho, é seu lado alfa quem galga os escalões corporativos e consegue chegar ao topo. Não tenha medo de amar o seu lado alfa, pois é o lado que lhe permite fazer o que quer, quando e como quer. Não obstante, embora isso funcione bem no escritório, esse lado transforma sua vida amorosa num desastre.

O lado beta das mulheres tem igual importância. Trata-se do seu lado intuitivo, mais feminino — o lado mais suave, que permite a alguém cuidar de você. Sim, sabemos bem que as mulheres podem ir à luta e resolver tudo sozinhas. Porém, por que fazer tudo se é muito mais agradável e descontraído deixar outra pessoa cuidar de você e curtir esse processo? Sem mencionar que, ao deixar seu homem tomar decisões e resolver problemas, você poderá vê-lo criar mais confiança e adquirir a tendência de agradar você por conta própria.

Encantar homens tem a ver com aprender a trocar seu lado alfa pelo lado beta. Primeiro, é preciso que você se conscientize de quando está priorizando cada lado. Descubra e orgulhe-se dos atributos de cada um. Após ter identificado e ponderado esses aspectos, você poderá lançar mão de um ou de outro lado, de acordo com a sua vontade. Por exemplo, se você estiver reivindicando um aumento, e seu chefe lhe perguntar quanto você quer, será seu lado alfa que tomará a frente e determinará o que você vale. Mas quando seu homem quiser decidir que carro comprar, entrará no lugar seu lado beta, que o deixará pesquisar e descobrir a melhor opção.

> **Lado alfa:** Quando você quer impor o lado alfa ao seu homem, está usurpando o poder e a posição de liderança dele. Você elimina qualquer chance de ele pensar que seu pedido foi uma brilhante ideia dele. "Alfa" é o termo utilizado para designar o líder da matilha. As mulheres alfa estão se tornando mais comuns, na medida em que elas estão conquistando espaço na sala da diretoria e levando sua nova atitude de poder para o quarto. Quando você impõe seu lado alfa a um homem, está assumindo o controle da situação romântica. Infelizmente, isso costuma não dar muito certo. Você conseguirá mais se esperar que ele lhe dê o que você quer, em vez de exigir a coisa dentro dos seus prazos.

Algumas mulheres acreditam, erroneamente, que seu lado beta é fraco. Nada (nada mesmo!) poderia estar mais longe da verdade. Você conhece o ditado "Mais moscas atrai uma gota de mel do que vinagre em tonel"? Encantar os homens é basicamente isso. As mulheres que sabem alternar entre seus lados alfa e beta conseguem mais facilmente o que querem dentro de uma relação afetiva do que as que ficam presas a um único papel. (É mais ou menos como ser ambidestro.)

Quando está utilizando a técnica de encantar homens, você assume o seu lado beta e deixa que ele faça o papel de alfa. Portanto, trata-se de comunicação complementar. Mesmo no trabalho, você não precisa ser alfa o tempo inteiro. Uma combinação de seus lados alfa e beta torna a mistura complementar — até se você for a chefe. Seguem alguns exemplos, explicitando o modo como cada lado aborda certas situações:

Lado alfa	Lado beta
Toma as decisões.	Curte deixar o homem liderar.
Quer as coisas do seu jeito.	É fácil de agradar e elogia muito.
Faz tudo sozinha.	Deixa o homem cuidar dela.
Precisa sentir que está no controle.	Tem confiança de que vão cuidar dela.
É movida a realizações.	Sabe que é amável do jeito que é.
Tem dificuldade de receber algo de um homem.	Recebe facilmente de um homem.
Quer ser igual.	Concentra-se em ser complementar.
Retribui em quantidade igual.	Evita manter contabilidade.

Uma parte essencial do aprendizado da técnica de encantar homens é eleger a melhoria de seu relacionamento afetivo como objetivo e colocá-lo acima de sua vontade de querer as coisas do seu jeito.

ESTUDO DE CASO: JESSICA

Jessica, de 34 anos de idade, é presidente de uma empresa e quer as coisas do jeito dela. Também é conhecida nas rodas masculinas como enchedora de saco. Ela achava que se comunicava bem com o namorado; falavam-se todos os dias, mas, na verdade, ele mal a escutava. Ou, se o fazia, interpretava de forma totalmente diferente o significado das palavras que ela proferia. Jessica dirigia com mão de ferro uma empresa listada pela revista *Fortune* entre as quinhentas maiores dos Estados Unidos, e aplicava a mesma mentalidade na relação. Queria que o namorado fizesse as coisas do jeito dela — que guardasse as meias quando ela queria, limpasse os restos do seu café da manhã da bancada da cozinha e levantasse a bunda do sofá para perder peso.

"Quantas vezes vou ter de ficar repetindo para ele me dar ouvidos?", queixou-se ela conosco. É aí que mora o perigo: pegar no pé é tratar o homem como criança; usar a técnica de encantar homens com ele é tratá-lo como adulto. Explicamos para ela que quanto mais ela exigir do seu parceiro, menos ele vai ouvi-la. Não importa que você fique se repetindo, que fale mais alto ou utilize todos os sinônimos oferecidos pelo dicionário — os homens não registram esse tipo de comunicação. Eles protelam, a rejeitam, fogem dela e, eventualmente, acabam indo embora.

Sugerimos a ela que tentasse usar nossa técnica para comunicar todas as coisas que queria. Inicialmente, ela ofereceu resistência: "Como ele vai saber exatamente o que fazer, então?", retrucou irritada. "Se eu não o lembrar constantemente, ele nunca vai fazer nada!" Entretanto, se Jessica persistir com o estilo de comunicação atual, o mais provável é que colha exatamente os mesmos resultados: frustrações, exasperação e desespero.

Sugerimos que Jessica pusesse um ponto final na rabugice. Nada de xingar, exigir ou dizer ao namorado o que fazer. Isso significa tratá-lo como homem, e não como criança ou funcionário. Isso também significa elogiá-lo pelo que ele faz corretamente; sugerir, em momentos oportunos (e não quando ele estiver assistindo a um jogo na TV ou durante o sexo), o que ela quer que ele faça; e recompensá-lo quando ele demonstrar ter realmente escutado.

Depois de alguns dias, o Sr. Faz Tudo Errado estava repentinamente se transformando em Sr. Como Quiser Querida. Como? Em primeiro lugar, Jessica teve que mudar de atitude. Precisou aprender a deixar seu lado feminino emergir mais vezes. Além disso, ela passou a usar a linguagem específica para encantar homens. No início, ela achava tudo um pouco esquisito e precisou se emendar frequentemente, mas, então, os resultados começaram a aparecer. E Jessica descobriu que gostava muito mais de fazer seu homem crescer do que de demoli-lo com suas rabugices. E seu namorado mostrou-se receptivo e começou a tomar atitudes para agradá-la. Evidentemente, a relação deles não ficou perfeita, mas tornou-se imensamente melhor com o novo estilo de comunicação.

Para o bem da relação, Jessica se rendeu às evidências e começou a se comportar da forma que melhor convinha. Canalizou seu lado de gatinha corajosa (capaz de saltar de um avião e ganhar qualquer partida de tênis) para o local de trabalho. Ao lado do seu homem, ela aprendeu a aparar suas arestas para deixá-lo se sentir... bem, como homem!

Dia 6: Acabe com o drama

O sexto dia tem como foco acabar de vez com o drama. Claro, todo mundo gosta de um draminha. É para isso que vamos ao cinema, lemos revistas de celebridades e assistimos a reality shows. Mas os altos e baixos dramáticos das brigas de casal não são nada divertidos quando acontecem com você e é sua relação que está correndo risco!

Algumas dentre nós ficariam sem assunto caso não pudessem se queixar de namorados ou maridos. Contudo, acredite quando afirmamos que é melhor para você louvar as qualidades do seu homem do que arrastá-lo para o campo da fofoca. Trate de acabar com o costume de repassar para as amigas as infindáveis histórias girando em torno dos erros, falhas e maus hábitos dele. Em vez disso, conte a elas episódios sobre a generosidade, as atitudes românticas e a noção de compromisso dele!

Dia 7: Administre suas expectativas

Hoje é dia de você admitir que é humana. Parabéns por isso! Como você ainda está aprendendo, fatalmente vai meter os pés pelas mãos em algum momento. Simplesmente, sacuda a poeira e tente de novo. Se você já aprendeu a dirigir, sabe que no início o carro pode dar uns solavancos quando se passam as marchas. Entretanto, uma vez que você pega o jeito da coisa, consegue controlar o andamento e a velocidade do carro com tranquilidade. Tudo é uma questão de adquirir prática! Dê a si mesma e à relação o tempo necessário para desembaraçar os nós.

Lembre-se de que não há nada de errado em discutir. Uma briga não precisa acarretar o fim do relacionamento. Por vezes, haverá arranca-rabos sobre quem foi que comeu todo o sorvete de chocolate. Não tem problema. Independentemente de quão longe você foi durante seu chilique, a técnica de encantar homens a trará de volta para uma situação de equilíbrio complementar. Aguarde um tempinho para esfriar a cabeça. Então, liste dez motivos pelos quais você quer a relação e dez motivos que tornam seu homem maravilhoso. Depois, dê uma boa risada e siga em frente. Não há nada de errado em ficar zangada e ter emoções negativas, às vezes. Entretanto, não se deixe permanecer nesse estado e não faça nada de destrutivo enquanto estiver se sentindo assim. Canalize essa energia em algo positivo — vá dar uma corrida, faça uma aula de boxe, realize mais dez vistorias comerciais sem agendamento ou asse uns biscoitos incríveis com gotas de chocolate!

Mantras da encantadora de homens
Capítulo 3

- Se você flagrar a si mesma voltando ao seu velho costume de resmungar no relacionamento, distancie-se dessa situação e volte ao primeiro dia do programa.
- Confie no processo e saiba que, quanto mais você utilizar a técnica de encantar homens, melhor ficará a sua relação.

PARTE 2

Encante a mente masculina

CAPÍTULO 4

Compreenda a mente masculina

A ciência por trás de como os homens pensam, agem e amam

"As mulheres falam porque desejam falar; em contrapartida, um homem só fala quando é instigado a isso por algo exterior a si — como, por exemplo, quando não consegue encontrar meias limpas."
— JEAN KERR

"Não leve os homens para o lado pessoal. Não é você. É só o cérebro deles."
— DONNA E SAM

A mente masculina, esse mundo desconhecido

Você já ficou confusa com o modo do seu homem pensar em matéria de comprometimento ou com a maneira como ele demonstra seu verdadeiro amor por você? E o que me diz do gosto dele por pornografia, cerveja e peitos? E por que será que ele não pode agir de forma mais parecida com suas amigas quando o assunto é conversar, compartilhar sentimentos e se abrir em relação a suas emoções? Bem-vindas à mente masculina.

É comum acontecerem curtos-circuitos na comunicação com o homem da sua vida — especialmente se você considera que ele tem a capacidade para ser (ou pior... que ele deveria ser) tão sensível aos seus sentimentos quanto suas amigas. Fique tranquila, você não é a única a ficar impressionada: todas as mulheres passaram por essa experiência. Felizmente, cientistas, filósofos e médicos chegaram a uma explicação, que aponta para uma parte específica do corpo — e não é o pênis! É o cérebro dele. Ao entender o funcionamento interno do cérebro masculino, bem como as substâncias químicas secretadas pelo organismo dele, você vai compreender melhor por que a nossa técnica é tão eficaz.

O cérebro do homem e seus circuitos inatos

Estamos cansadas de ouvir: as mulheres querem que os homens se comportem como amigas intuitivas, que "simplesmente sabem" como você se sente, dizem sempre a coisa certa e têm o *timing* perfeito para aparecer de improviso para animá-la e levá-la às compras, com direito a tomar uns drinques depois. Infelizmente, a maior parte dos homens está longe de se comportar assim. Entretanto, não é culpa deles; o cérebro masculino não está configurado para pensar dessa forma. É bem verdade que estudar o cérebro é incrivelmente complexo e, frequentemente, um trabalho refuta os achados do outro. Contudo, encontramos similaridades na maioria das pesquisas voltadas às diferenças comuns que existem entre o modo como homens e mulheres pensam, agem e amam, e que estão baseadas em nossas diferenças biológicas.

"Quando eu me pego falando com meu namorado sobre moda, cabelos ou fofocas de celebridades, transformo isso numa piada e disfarço: 'Opa. Eu estava mesmo falando sobre *balayage* com você?' E então, ambos caímos na risada."

— SANDRA, 28 ANOS, CONTADORA

Por esse motivo, você não pode esperar que, quando vocês saem, seu homem bata papo com você com a mesma habilidade das suas amigas; e se ele deixar a conversa morrer de vez em quando, você não pode supor que ele não esteja interessado em você. Raciocine conosco: ele está simplesmente curtindo momentos de quietude em sua companhia. Já lhe aconteceu fazer massagem com uma massagista que não para de falar, ao passo que tudo o que você queria era se desligar? Você não queria ser grossa, mas realmente gostaria que ela calasse a boca — bem, isso descreve como eles se sentem ao estar ao lado de uma mulher... na maior parte do tempo.

Ele não consegue acompanhar o ritmo da fala feminina

No cotidiano, isso significa que, quando você teve um dia difícil no trabalho ou brigou com a melhor amiga e tudo o que você quer é falar sobre isso (falar, e falar, e falar, e falar), você pode apostar um bom dinheiro que seu homem não vai querer ficar ouvindo cada detalhezinho importante, de novo e de novo. Tampouco vai compartilhar as emoções dele. Geralmente, os homens abordam informações (neste caso, a vida) de forma sistemática, não levando em consideração emoções — que vivem fora do tempo e do espaço, e não servem para consertar coisas. Assim, ele muito simplesmente só quer ouvir o problema (de preferência, formulado em no máximo três palavras), encontrar uma solução (que você pode gostar ou não, mas não se esqueça de afagar o ego dele, por ter tentado) e então mudar de assunto, passando para o que tem para o jantar.

E isso não acontece porque ele não a ame — é resultado de você estar falando "feminino" e ele "masculino", e vocês não estarem se conectando de forma a poder se compreender. Pelo contrário, ele vai achar que você está falando grego. Ficará parado, olhando para você, tentando imaginar o motivo para tanto rebuliço e por que você continua a se lastimar. Isso não significa que seus problemas não sejam importantes para ele ou que ele não se importe com você. Só que o cérebro dele está configurado para tratar de um tipo diferente de problemas — e de forma diferente.

Infelizmente, esse desencontro na comunicação pode se arrastar por horas a fio, dias, meses, décadas e até mesmo pela vida toda! Duas pessoas podem viver lado a lado sem nunca se comunicar de verdade, de um modo que as ajude a compreenderem melhor uma a outra; em vez disso, a coisa se torna cada vez mais confusa com o passar do tempo. Pois é. Já vimos esta cena várias vezes: casais que conviveram por décadas e, repentinamente, olham um para o outro e se dão conta: "Nossa, você não me conhece nem um pouco!" Infelizmente, essa é exatamente a armadilha em que tantas pessoas caem. Felizmente, a técnica de encantar homens pode tirá-las desse abismo — mostrando-lhes a luz no fim do túnel.

Não espere que ele se lembre de muita coisa

Já reparou que, não importa quantas vezes você repita para seu homem onde guarda os rolos de papel higiênico, ou que vocês devem ir jantar na casa da sua mãe na sexta-feira, ou onde fica a cesta de roupa suja para ele jogar a cueca (e não largá-la no chão), parece que ele nunca consegue se lembrar? Segundo uma pesquisa realizada por Simon Baron-Cohen na Universidade de Cambridge em 2005, isso se deve ao fato de que a parte do cérebro que forma lembranças — o hipocampo — é menor nos homens do que nas mulheres.

Consequentemente, a próxima vez que você se zangar por ter de repetir a mesma coisa diversas vezes, respire fundo. Pergunte a si mesma: isso é muito grave? Vale a pena esquentar a cabeça com isso? Ou não seria melhor simplesmente avisar a ele *de novo* e pensar em três coisas boas que ele fez por você naquele dia — tipo, acordou você com um beijo meigo, preparou sua marmita e calibrou os pneus do seu carro? Isso não basta para demonstrar que ele se importa de verdade?

Saiba que o impulso sexual dele é muito diferente do seu

Não é mito que o órgão sexual mais poderoso do corpo é o nosso cérebro. Como todo ser humano tem um, você provavelmente deve estar se perguntando por que os homens parecem ser muito mais obcecados do que as mulheres por transar. Um estudo publicado na *Nature Neuroscience* demonstrou que o impulso sexual masculino é determinado integralmente (adivinha!) pelo modo específico como o cérebro dele funciona. Pediu-se a estudantes — de ambos os sexos — que olhassem para certo número de fotografias excitantes e outro de fotografias "neutras". Enquanto isso, os cientistas observavam como os cérebros de ambos os sexos reagiam a essas imagens. Descobriram — surpresa! — que os cérebros masculinos se "acendiam" muitíssimo mais que os das mulheres quando olhavam para as fotografias excitantes. Mais especificamente, as áreas mais ativadas nos cérebros masculinos foram as amídalas e o hipotálamo. A área pré-óptica do hipotálamo, região cerebral que controla os impulsos sexuais, é duas vezes maior neles do que em nós. Além disso, a quantidade de testosterona que circula no sangue deles também é maior do que a nossa (o que os leva a ficarem excitado praticamente o tempo todo). Quando somamos esses fatores, não é de se admirar que as mulheres tenham um problema em mãos.

Sim, os homens querem mais sexo do que a maioria de nós. E vão querer mesmo que tenham acabado de "esquecer" onde fica o cesto de roupa suja — pela enésima vez. Lembre-se: escolha as brigas que quer comprar. Esqueça a perfeição. Tente se lembrar do quanto ele tem feito por você ultimamente e veja se isso a anima mais um pouquinho.

Ele precisa que você explicite seus sentimentos

A Dra. Louann Brizendine, autora do livro *The Female Brain*, revelou à CNN que as mulheres têm maior empatia com as amigas graças ao "sistema de espelhamento neuronal". Ela defende que esse sistema é maior e mais ativo no cérebro feminino, o que significa que a mulher, citando a Dra. Brizendine, "consegue entrar naturalmente em sintonia com as emoções dos demais ao ler as expressões faciais, interpretando o tom de voz e outras deixas não verbais do seu estado emocional". Os homens, ao contrário, não têm essa capacidade. Não conseguem reconhecer as emoções, a não ser que sejam descritas para ele. Mesmo assim, ainda tentarão utilizar o cérebro para resolver o problema, sem incorporar emoções nele — nem reconhecendo as nossas. Isso a deixa frustrada? É claro. Contudo, o cérebro deles é programado para se comportar dessa forma.

Portanto, se você quiser que ele saiba como está se sentindo, explicite-o claramente. Complete a frase seguinte: "Querido, eu me sinto (insira a emoção) quando você (insira o motivo que a deixa assim)." Não espere que ele adivinhe ou interprete a partir de uma indireta sua; caso contrário, ele ficará a vida toda coçando a cabeça sem entender. E você ficará eternamente ali, em pé, com as mãos nas cadeiras, pensando que ele é retardado — quando não é. Repetimos: lembre-se de se concentrar em criar uma relação complementar. Trabalhe dentro da capacidade mental de um homem, apresentando informação emocional formulada em termos simples e fáceis de entender.

Os homens demonstram, mas não verbalizam

Uma vez, Harriet perguntou ao namorado por que ele raramente dizia que a amava.

— Do que você está falando? — retrucou ele. — Emprestei meu carro para você, consertei seu computador e levei você para um jantar maravilhoso ontem à noite.

Harriet mal podia acreditar no que estava ouvindo. Então, isso era sua declaração de "amor"? Essa é a forma como os homens se comunicam? Mas ela extraiu desse episódio uma lição valiosa: se você quiser saber como um homem está se sentindo, observe as ações dele. Os homens são mais chegados a *mostrar* suas emoções do que a *declará-las* em voz alta. Assim, em vez de se desmanchar em lamúrias por ele não ter dito nada de carinhoso nos últimos tempos, mantenha uma lista diária de todas as coisas que ele faz para você, durante uma semana. Você ficará surpresa de constatar quantas vezes ele está "mostrando" que a ama, embora não o esteja dizendo verbalmente.

O homem em transe: deixe que ele olhe!

Sabe aquele olhar perdido que os homens fazem quando veem uma mulher sensual? Há uma razão científica por trás disso. De acordo com o psiquiatra Scott Haltzman, especialista e autor de estudos sobre o cérebro, do ponto de vista evolucionário, os homens são programados para querer se reproduzir de forma contínua durante toda a vida. "Considera-se que é interesse biológico do homem engravidar o maior número possível de mulheres", explicou ele durante uma discussão travada numa mesa redonda sobre a técnica de encantar homens. "Como consequência disso, os homens estão geneticamente programados a ficarem constantemente procurando oportunidades de se reproduzir e, por isso, ficam de olho em parceiras férteis." Mesmo quando são casados? *Sim.*

Gostaríamos de poder lhe dizer que existe alguma tática mágica na nossa técnica, que engane o cérebro dele e o faça pensar que não há motivo algum para ficar olhando. Mas isso é impossível. Não obstante, o que podemos *efetivamente* afirmar é que o olhar dele dura apenas alguns segundos, e que você pode voltar a focalizar a atenção dele sobre você com um apertãozinho no braço. A constituição biológica e o processo evolutivo mandam que ele olhe para ela, porém a parte consciente da mente o faz lembrar que você é a pessoa com quem ele está. Portanto, não se descabele se ele olhar rapidamente para as outras mulheres de vez em quando.

ATENÇÃO! *Os homens e a pornografia*

Você sabia que 100% dos homens veem pornografia? Em 2009, cientistas da Universidade de Montreal fizeram uma busca para encontrar homens que nunca tivessem visto pornografia — mas não conseguiram achar nenhum! Logo, a conclusão do estudo foi que virtualmente todos os homens procuram coisas pornográficas. Portanto, meninas, se encontrarem o esconderijo secreto do seu parceiro, não fiquem zangadas. Vocês teriam muita dificuldade para encontrar um cara que não tivesse nenhum.

Mantras da encantadora de homens
Capítulo 4

- Agora você sabe por que o seu homem jamais vai ser igual à sua melhor amiga, portanto, pare de tentar transformá-lo desse jeito. Afinal, você *já tem* excelentes amigas — curta todas as coisas que elas sabem fazer melhor. Supra suas carências com elas e seja justa com o seu rapaz, não exigindo dele as mesmas coisas.

- Lembre-se de como o seu homem é programado geneticamente, antes de agredi-lo por não querer conversar durante 15 minutos sobre o cãozinho doente da sua mãe.

CAPÍTULO 5

Como conseguir que a mente masculina se concentre

Por que os homens não conseguem fazer duas coisas ao mesmo tempo (e como você pode deslocar a atenção dele para você!)

"Acho que quanto maiores os peitos de uma mulher, menos inteligentes os homens se tornam."
— ANITA WISE

"A técnica de encantar homens faz a atenção dele se voltar novamente para os seus peitos!"
— DONNA E SAM

Por que os homens só conseguem fazer uma coisa de cada vez

Você provavelmente já ouviu esta queixa milhões de vezes: "Os homens só são capazes de fazer uma coisa de cada vez!" Ou: "Os homens não sabem realizar várias tarefas ao mesmo tempo!" Ou, pior ainda: "Ele não está interessado em mim... só presta atenção na porcaria da televisão!" Não culpe a TV, a *Playboy* ou a obsessão por consertar carros por tirarem a atenção dele de você. Na verdade, isso se deve ao *corpo caloso*, localizado no seu cérebro. Vamos explicar: o corpo caloso é a parte do cérebro que conecta os lados direito e esquerdo. Essa área é mais desenvolvida no cérebro feminino, o que faz com que saibamos utilizar um lado ou o outro (ou ambos simultaneamente). Dr. Haltzman explica que "quando você realiza um exame de ressonância magnética funcional e fala sobre assuntos emocionais ou usa palavras emotivas com uma mulher, ambos os lados do cérebro se iluminam; no caso dos homens, isso acontece somente de um lado ou de outro". Na época das cavernas, essa característica ajudava a mulher a realizar várias tarefas de uma só vez, enquanto ajudava os homens a se concentrarem numa única coisa — que normalmente era caçar! O que muitas mulheres não compreendem é que se elas se obstinarem a competir com algo em que o homem já está concentrado — independentemente de se tratar de trabalho, televisão ou consertar a motocicleta — vão perder todas as vezes. Assim, parem de fazer isso. Porque nem mesmo a personagem Carrie Bradshaw de *Sex and The City* (que mora em nossos corações) seria bemsucedida nisso. Na realidade, poderíamos frequentemente tomá-la como exemplo de coisas a *não* fazer.

> "Eu poderia ficar na frente da TV completamente nua e até me jogar em cima dele; meu marido ia me mandar sair da frente!"
> — DENEE, 27 ANOS, PROFESSORA.

Por exemplo, no episódio "The Drought", Carrie veste uma lingerie sexy e tenta seduzir Mr. Big enquanto ele está assistindo a uma acalorada luta de boxe na televisão. Ela acredita que entre o sexo (e ela!) e o esporte (e a cerveja!), ele vai ficar com a primeira opção. Mas está muito enganada. Mr. Big a empurra e repreende, zangado. Carrie sai de fininho, leva a coisa para o lado pessoal e fica amuada com isso durante muito tempo, extravasando com as amigas. Acontece, porém, que a própria Carrie é culpada pela rejeição dele. Mr. Big não declinou as insinuações dela simplesmente por se comportar como um cretino. Na verdade, ela é que estava dando uma de cretina. Estava se sentindo carente e quis a atenção dele *imediatamente*. Não praticou a paciência, esperando o momento certo para focalizar a mente masculina dele — que já estava ocupada e empenhada com a luta de boxe.

Mr. Big recusou suas insinuações não por não amá-la, tampouco por ser um babaca, mas simplesmente pelo fato de ser homem e o seu cérebro já estar concentrado em outra coisa.

Cinco passos para deslocar a atenção dele

Agora que você conhece o *motivo* pelo qual os homens não são capazes de fazer mais que uma coisa ao mesmo tempo, vamos lhe dar uma dica de como lidar com esse fato biológico utilizando a técnica de encantar homens. Como era de se esperar, preparamos outro processo de cinco passos fáceis e tranquilos de seguir.

1. Negocie o tempo dele.
2. Espere até conseguir sua atenção.
3. Submeta *um* pedido ou passe-lhe *uma* tarefa.
4. Evidencie os benefícios que resultarão de realizar a tarefa.
5. Demonstre antecipadamente sua apreciação.

Vamos abordar cada passo mais detalhadamente a seguir.

1. Negocie o tempo dele

O primeiro passo se refere a uma técnica esperta que você pode utilizar sempre que quiser angariar a atenção do seu homem. Trata-se basicamente de lhe fornecer informações antecipadas sobre algo específico que vai acontecer no futuro, em vez de surgir do nada com alguma coisa enquanto ele está fazendo outra.

> **A área masculina:** A área masculina é o espaço físico ou mental privado dos homens. Quando está imerso na área masculina, ele prefere ficar sozinho e se fechar para qualquer interferência externa, inclusive vinda de você. Se ele não tiver realmente um "espaço" ou "área" em que possa fazer isso, ele encontrará algum hobby ou atividade para sair de casa, ou estabelecerá algum espaço bem no meio da garagem, do jardim ou da sala de estar, onde possa desligar sua mente.

Assim, por exemplo, diga-lhe que você irá com ele comprar um novo jogo de tacos de golfe e, em seguida, terão um almoço delicioso no restaurante preferido dele — se ele não se importar de vocês aproveitarem para conversar sobre um assunto que a tem afligido. Desse modo, você o prepara para aquilo que quer dizer, e ele poderá se concentrar efetivamente e inteiramente em você e no assunto da vez naquele momento. Além disso, é uma forma de trazer à baila o assunto sério entre dois acontecimentos felizes e descontraídos — como comprar tacos de golfe e almoçar fora.

Negociar seu tempo exige que você exercite sua paciência. Você não precisa de tudo imediatamente — em vez disso, ache um tempo livre e peça o que quer e, então, encontre tempo para realizar a coisa. Aprenda a se refrear. Você não precisa falar com ele *imediatamente* só porque um determinado assunto não sai da sua cabeça e você acha que vai entrar em combustão espontânea se não falar imediatamente a respeito. Em vez disso, procure confiar na mágica de deixálo quieto. Se um dia num spa faz maravilhas para uma mulher, algumas horas em seu próprio canto fazem o mesmo pelo homem.

> **Negociar seu tempo:** Tática pertencente à técnica de encantar homens para tirá-los gentilmente da sua área masculina. A tática consiste em arranjar um tempo em que ele possa se concentrar em seu pedido. Pergunte quando seria o melhor momento para conversar sobre um assunto específico e, em seguida, determine esse tempo combinado com ele. Assim, seu homem estará psicológica e fisicamente preparado para concentrar todo o tempo e energia em você.

Se você sentir necessidade de comunicar todas as suas preocupações a cada momento do dia, todo dia, tente escrever tudo e fale com ele a respeito mais tarde. Fazer isso liberta seu pensamento e pode aliviar parte do estresse, o que faz com que o assunto já não lhe pareça mais tão urgente. (Isto, evidentemente, excetuando-se os casos de verdadeiras emergências, momentos em que você deve invadir a área masculina sem dó nem piedade.)

ESTUDO DE CASO: LILY

Lily era uma daquelas mulheres que simplesmente têm de dizer o que pensam imediatamente; caso contrário, ela acha que vai explodir. Certo dia, Lily recebeu um e-mail de um cara com quem vinha se relacionando por três meses, dizendo que não poderia vê-la naquele fim de semana porque estava com "uma visita" de fora.

"Uma visita?", esbravejou ela. "É mulher. Tenho certeza. Vou enlouquecer. Preciso descobrir quem é."

Todavia, como isso aconteceu quando Lily e o homem ainda se encontravam no início do relacionamento e ainda não haviam assumido nenhum compromisso de exclusividade, os dois estavam livres para fazer o que quisessem com quem bem entendessem — inclusive receber uma visita anônima. Exigir saber mais sobre o hóspede dele seria um completo disparate. Em vez disso, ela poderia levantar a questão como quem não quer nada, utilizando a técnica de encantar homens. E foi exatamente o que fez. Esperou (o que não foi nada fácil!) até ele a convidar novamente para sair e, durante o jantar, ela casualmente perguntou, adotando um tom leve, acrescido de um sorriso imenso:

— Então, quem foi que veio visitá-lo no fim de semana passado?

Pois bem; ele deixou o garfo cair, mas Lily conseguiu a resposta que queria. Ele revelou que estava saindo com outra mulher e que a visita anônima era essa mulher misteriosa. Lily afirmou que não havia problema algum, considerando que não tinham compromisso firme, e que ele podia fazer o que quisesse. Mas sabia perfeitamente que não queria ser a segunda opção dele, e muito menos perder tempo com um homem que a fazia se sentir descartável.

Se você se encontra no mesmo tipo de situação que Lily, espere. Exercite sua paciência. Se preciso for, escreva-lhe um e-mail bem malcriado, mas guarde-o na pasta de rascunhos. Não o envie! Aguarde 72 horas e veja se não está se sentindo melhor. Uma ótima alternativa seria você desejar um bom-dia num curto e-mail, alguns dias mais tarde. Se ele pedir para vê-la de novo, aceite. Quando se encontrarem, pergunte sobre o fim de semana dele num tom leve e amigável, e veja que tipo de informação ele oferece. A partir daí, mude de assunto. Bombardear um homem com perguntas e sentimentos negativos só vai se voltar contra você. Ninguém quer namorar uma psicopata ensandecida que perde as estribeiras a qualquer sinal de que pode haver outra mulher na jogada. E entenda isso — poderia ter sido uma visita do irmão dele! Nunca se sabe. Então, não se precipite.

2. Espere até conseguir a atenção dele

Muito embora tenha negociado seu tempo com ele, você ainda tem de esperar até conseguir sua plena atenção. Ele pode estar se preparando para comer um delicioso bife, ou morrendo por uma bebida, ou estar perdido e tentando seguir um mapa sem pedir informações. Você pode até ter reservado esse horário para ter uma conversa, mas isso não significa que ele vai estar pronto instantaneamente. Lembre-o em tom cortês: "Me avise quando você estiver pronto para aquela nossa conversa", e seja paciente até verificar que ele está concentrado exclusivamente em você!

Geralmente, quando um homem regressa do seu tempo passado na caverna, está revigorado e disposto a se reconectar com você, seja mentalmente, fisicamente ou ambos! Ele volta mais disponível e capaz de ouvir porque, agora, pode se concentrar em você (especialmente se você não tiver ficado telefonando ou o amolando a cada cinco minutos para saber onde ele estava). É preciso lançar mão de paciência aliada à estratégia — compreendendo o que acontece quando do ele precisa se retrair (não por raiva ou por desgostar de você) — para que a mente masculina se concentre para ouvi-la e encontre espaço para se inspirar a tomar atitudes em função de suas observações, pedidos e desejos.

> "Este fim de semana vai ser dedicado à minha garota, Erika. Ela fez um pedido e eu liberei a agenda para atendê-la!"
> — ARNOLD, 34 ANOS, ARTISTA PLÁSTICO

Em vez de bombardeá-lo quando ele se encontra em sua caverna masculina, espere. Insistimos: se não puder esperar, tente colocar suas preocupações no papel. Se isso não funcionar, boa sorte para desviar a atenção dele; e prepare-se para lidar com um cara mal-humorado que não vai escutar você de qualquer maneira!

3. Submeta *um* pedido ou passe-lhe *uma* tarefa

Agora, você já negociou o tempo dele e conseguiu sua inteira atenção: qual é o assunto em que você quer que ele se concentre? Não estrague tudo aparecendo com uma lista enorme de exigências, queixas ou comentários desconectados. Apresente-lhe apenas *uma* única coisa para fazer ou para pensar. Sim, apenas *uma*.

Escolha uma coisa que ele possa fazer por você naquele exato momento e que mais a agradaria, e peça isso. Assim que ele terminar, passe para o próximo item, mas não o sobrecarregue com muitos pedidos logo de vez. Se você perceber que ele começou a emperrar com algum pedido seu, feche a matraca instantaneamente e recomece o processo desde o início... numa outra ocasião. Neste exato momento, você bem pode estar pensando: "Esse processo é demorado demais." Mas, assim que seu homem começar a perceber os benefícios que derivam de lhe agradar, ele vai fazê-lo mais vezes. E vai levar menos tempo para fazê-lo, porque você terá removido qualquer resistência e procrastinação que se originam em seu medo de ser punido. Você também preparou o terreno para ele ser bem-sucedido, na medida em que lhe deu somente uma coisa para fazer e agendou a tarefa num momento que vocês haviam combinado previamente.

Para satisfazer sua mente multitarefa, é bom anotar os dez assuntos mais urgentes, mas é imprescindível apresentálos um a um. Sabemos que isso é difícil, mas vale a pena ter paciência. A recompensa é grande! Uma tarefa bemsucedida, seguida de outra e depois mais outra que acabam se somando. No início (especialmente para seu amado lado alfa), ter paciência parecerá algo tão agradável quanto comer cacos de vidro. Entretanto, confie no processo. Se conseguir, obterá resultados gloriosos.

4. Evidencie os benefícios que resultarão de realizar a tarefa

Outra chave para conseguir fazer a mente masculina se concentrar é fazer com que ele saiba que há uma recompensa à espera depois de um bom trabalho, quer seja fazer você sorrir ou o fato de você ficar tão excitada ao vê-lo lavar a louça que o agarra e tira a roupa ali mesmo na cozinha. (Certifique-se de que ele tenha terminado e feito um bom trabalho! Afinal, serviços feitos de qualquer forma não são recompensados.) Independentemente de qual for a recompensa, ela criará associações positivas no seu cérebro, incutindo-lhe a noção de que é uma boa ideia satisfazer os seus desejos. A mente dele elaborará a coisa assim: "Se eu fizer o que ela sugere, consigo sexo, meu prato predileto, um tempo só para mim, um fim de semana com os amigos, uma massagem, uma mulher feliz e muito mais." E um homem sábio sabe que "quando ela está feliz, ele também está".

Não cometa o erro de taxar esse processo de antirromântico. Pelo contrário, é assim que o romance é criado! O romance prospera quando ambos estão felizes um com o outro e conseguem o que querem da relação.

5. Demonstre antecipadamente seu apreço

Embora você deva esperar até que ele complete a tarefa para recompensá-lo, comece por agradecê-lo antecipadamente pelo simples fato de ter concordado em desempenhar a função. Essa tática vai deixá-lo predisposto a ser bem-sucedido, pois serve como lembrete de todos os benefícios que alcançará assim que encontrar tempo para terminar a tarefa que você lhe pediu. Por outro lado, quanto mais motivado ele estiver, mais rapidamente terminará. Lembrar-lhe a recompensa o ajudará a acelerar o processo.

Recompensá-lo antecipadamente com seu apreço faz com que ele saiba que está no caminho certo para agradá-la. Para os homens, isso funciona como uma placa de neon piscando a frase: "Por aqui! Deste lado!" A apreciação antecipada assinala o caminho que ele deve seguir para agradá-la. Também faz com que ele sinta mais confiança em si mesmo e em sua capacidade de acertar.

E, quando o seu homem chegar a uma solução, lembre-se de fazer com que ele saiba que realmente acertou. Massageie o ego dele!

Lidando com o interesse fixo em sexo

A seguinte pergunta tortura todas as mulheres: ele realmente se liga tanto assim em sexo? Realmente está achando que vai transar vinte vezes por dia? E realmente precisa se aliviar sexualmente tantas vezes por semana? As respostas são sim, sim e sim. E deem graças por isso. Caso contrário, ficaríamos na condição de ter de implorar nossos homens por um chamego na horizontal uma vez por mês. E nenhuma mulher gostaria disso.

Certo, quando você está saindo pela primeira vez com um cara e, enquanto você decide entre peixe e carne, ele olha para o seu decote e imagina você nua na cama com ele, essa experiência não é exatamente a mais enaltecedora no mundo. Mas não o puna por ser homem. Ele está programado daquela maneira. Então, é melhor aceitar e dar um jeito de gostar disso... ou vai ficar solteira e sozinha pelo resto da vida.

Receba a energia sexual dele; não a rechace

A maneira mais eficaz de administrar toda a energia sexual dele é recebê-la. Ao invés disso, um número excessivo de mulheres repele a energia sexual de seu homem. Elas queixam-se de que ele quer transar "o tempo todo" e o consideram alguma subespécie de natureza inferior por isso. Com certeza, a libido dele pode ser maior que a sua e você não é obrigada a fazer sexo se não quiser. Contudo, ao se negar para seu homem, diga a ele quando estará disponível. Pois é, você pode negociar tempo até nisso. Você pode dizer: "Querido, estou muito estressada antes dessa reunião... mas, hoje à noite, já vai ter passado e estou pensando em ficar pelada a noite inteirinha. O que você acha?" Formulada assim, deixa de ser rejeição ou bloqueio de energia, mas sim um redirecionamento do fluxo sexual. Há benefícios tangíveis no seu pedido. Você negociou um tempo em que ambos podem estar disponíveis e com disposição para se concentrar no outro.

Mantendo a concentração dele no longo prazo

Então, agora que você aprendeu tudo sobre a mente masculina e seu funcionamento interno, poderá utilizar essas informações para se beneficiar (e beneficiá-lo também!) adotando a técnica de encantar homens para mantê-lo concentrado em coisas que criem harmonia e paz na relação de vocês, e não distanciamento e irritação. Qualquer coisa que receba atenção cresce. Assim, é de suma importância que você mantenha seu homem concentrado nos aspectos positivos da relação de vocês — que podem incluir sexo, amizade, amor, comida, viagens, tudo o que for importante para os dois.

Molde o jeito como ele pensa em você

Incentivar associações positivas é a chave para conseguir mantê-lo comprometido e interessado em você a longo prazo. Se começar a pegar no pé dele, seu homem vai associar você a grilhões e pode vir a considerá-la uma bruxa malagradecida. No extremo oposto, se você mimá-lo, bancar a provedora ou estiver constantemente fazendo coisas que ele próprio deveria estar resolvendo, ele vai vê-la como uma nova mãe. Mas quando você o deixar ser homem e receber graciosamente o que ele lhe der e ao mesmo tempo guiá-lo, mostrando como ele pode agradá-la, vocês estarão a caminho da felicidade na relação.

Então, a decisão é sua. Como gostaria que o cérebro do seu homem considerasse você? No que você quer que ele se concentre? Você é:

- Uma fera que vai dilacerá-lo se ele cometer uma falha?
- Uma mãe que vai arrumar as bagunças dele?
- Uma mulher mentalmente brilhante, bem equilibrada e sexualmente disponível, por quem ele seria capaz de escalar montanhas?

Lembre-se de que os homens só conseguem pensar numa coisa de cada vez. Embora saibamos que você tem muitos aspectos, como um diamante multifacetado, eles normalmente fazem uma síntese e criam uma associação para você. É por isso que é preciso se esforçar para criar uma associação positiva; assim, quando você der um passo em falso ou passar por um dia em que tudo dá errado, ele reagirá menos, sabendo que essa não é "você".

Acreditamos saber que opção você vai eleger; afinal, você está lendo este livro! Se por acaso você tiver escolhido a opção A ou B, estamos aqui para informá-la de que está na hora de adotar a técnica de encantar homens e evitar esses comportamentos de fera ou de mãezona. Contudo, caso você tenha escolhido a opção C, está de parabéns — esse é o caminho certo para fazê-lo se concentrar em você.

Crie experiências memoráveis através dos sentidos

Uma das maneiras mais fáceis e a mais agradável para manter o cérebro dele concentrado em você a longo prazo é utilizar todos os cinco sentidos para criar experiências memoráveis. O Dr. Daniel G. Amen, especialista em exames de imagens cerebrais e escritor, afirma que nos lembramos de acontecimentos, pessoas e lugares de maneira positiva ou negativa, de acordo com as associações que o cérebro tece, através dos sentidos, em relação ao acontecimento.

Os golpistas da sedução têm esse conhecimento e o utilizam a seu favor. Quem tem prática na duvidosa arte de seduzir mulheres sabe manipular as associações mentais para fazer suas vítimas se sentirem tão seguras com eles a ponto de convidá-los para sua casa. Você, entretanto, pode utilizar esse conhecimento como uma força do bem. Pode aplicar essa informação para criar associações positivas na mente do seu homem, sem manipulá-lo ou tentar controlá-lo. Seguem algumas sugestões para mostrar como proceder.

1. **Olfato:** Muitos estudos comprovam que cheiros diferentes ativam memórias no cérebro. Assim, tome cuidado com a fragrância que usar no corpo em determinados momentos, bem como no tipo de temperos que utilizar quando cozinhar para ele. Você quer que os cheiros evoquem lembranças de bons tempos sempre. Pesquisadores da Smell & Taste Treatment and Research Foundation, de Chicago, pediram a homens entre 18 e 64 anos para cheirar trinta odores diferentes. Então, mediram as flutuações do nível de excitação deles enquanto iam cheirando cada aroma. Assim, os cientistas descobriram que laranja, baunilha, almíscar e alfazema provocaram os maiores níveis de excitação nas cobaias. Por quê? Porque elevaram a produção de ondas cerebrais alfa, que os fizeram relaxar. De acordo com o autor do estudo, o médico Alan R. Hirsch, esse relaxamento resulta numa excitação maior. Portanto, meninas, comecem a fatiar laranjas e a borrifar baunilha!

2. **Visão:** Exibir um pouco de pele é a maneira mais fácil de atrair a atenção visual masculina. Melhore sua figura com roupas que realcem a silhueta. Arrisque-se e use um decote até lá embaixo (mas não se esqueça de seguir a seguinte regra: lance mão de um decote *ou* mostre as pernas — não faça as duas coisas!). Além disso, nada de usar todos os dias as mesmas velhas calças confortáveis dentro de casa.

Divirta-se e se arrume toda para seu homem, mesmo numa segunda-feira, pois os homens precisam ser estimulados visualmente.

> "Eu costumava andar pela casa nua o tempo inteiro, e meu marido ficou tão acostumado a me ver pelada que já se excitava pouco com isso. Agora, uso um penhoar de cetim; quando eu o tiro e ele vê meu corpo nu, passa a me querer."
>
> — EVE, 32 ANOS, FISIOTERAPEUTA

3. **Paladar:** Tome o cuidado de usar cosméticos que não tenham gosto de química — isso diz respeito especialmente aos batons de longa duração. Procure usar brilhos labiais com sabor de frutas ou de baunilha, que ele vai querer lamber dos seus lábios. Tampouco recomendamos deixar que ele beije seu pescoço depois de passar algum produto de bronzeamento artificial. Quando vocês estiverem namorando no quarto, assegure-se de que todas as partes do corpo que deseja que ele toque estejam lavadas, limpas e com sabor agradável (você sabe do que estamos falando!). Quando comerem em restaurantes, monte pequenas porções com todos os ingredientes mais saborosos do seu próprio prato e sirva uma garfada paradisíaca para ele. Ele vai adorar.

4. **Ouvido/audição:** Os homens não resistem ao som da sua voz dizendo coisas agradáveis e à música sua-

ve durante o jantar. Você pode criar um código de palavras especiais cujo significado somente vocês dois conhecem.

5. **Toque nele:** Nossos corpos contêm algo chamado "memória celular". A pele realmente lembra como é tocada e por quem. Isso já foi comprovado: você toca no homem de um jeito diferente quando está amorosa e quando está zangada. Esforce-se ao máximo para tocar o seu homem somente de maneira que demonstre profundo carinho e sentimentos de amor. A memória celular dele criará associações positivas com você, que podem durar a vida inteira. Caso já tenha utilizado a expressão "Fulano me dá arrepios", você conhece um exemplo de memória celular negativa. Portanto, toque-o somente de forma a criar uma sensação positiva, com amor.

Construam lindas lembranças juntos

Quanto mais você criar associações positivas para si, tanto mais fácil será vocês construírem grandes recordações juntos. Afinal, se a cada interação significativa você apelar aos cinco sentidos dele, estará infundindo um pouco de si no acontecimento. Esteja preparada e esforce-se para criar lembranças realmente fantásticas de momentos passados juntos.

Comece por uma pequena investigação. Descubra algo que ele adore e que não faz há algum tempo, e então sugira essa atividade. Por exemplo, se ele guarda no fundo do armário botas para motocicleta que nunca foram usadas, sugira ir até uma loja da Harley-Davidson fazer um test-drive.

Ou então, apele para a juventude dele. Se ele costumava tocar violão, sugira que vá buscá-lo, tire o pó do instrumento e toque alguma coisa para você. Não se concentre no fato de ele ainda saber tocar ou não. Faça com que essa experiência seja segura, divertida e sensual e essas serão as qualidades que ele associará a você e à própria recordação do evento.

Seu objetivo é fazer o cérebro dele associar você, por meio das lembranças que você cria, com diversão, sexo, prazer, comida, paz, aventura, variedade, conforto e todas as boas coisas possíveis. Lembre-se que criar ótimas recordações não tem nada a ver com perfeição. E, certamente, não guarda nenhuma relação com controle. Não esqueça que os homens se sentem revigorados pela variedade. Ao modificar sua própria rotina e ser espontânea social e sexualmente, você reativa o cérebro dele e lhe fornece bem-estar para viver. Quando o cérebro dele associar memórias positivas com você, ele ficará na relação porque você vale a pena.

Listamos a seguir algumas outras maneiras de criar memórias de calibre, utilizando a técnica de encantar homens:

1. Empreenda com seu parceiro coisas um pouco perigosas e radicais, como andar de montanha-russa, saltar de paraquedas ou praticar escalada. A adrenalina acelera o batimento cardíaco e o fluxo sanguíneo. Você se agarrará a ele como a um salvador e isso estreitará instantaneamente os laços entre vocês. E ambos vão se lembrar dessa experiência por muito tempo!

2. Caso vocês estejam no início do relacionamento, façam uma viagem romântica juntos, de dois a quatro dias de duração. Esse é um modo perfeito para testar

o clima, criar lembranças conjuntas e experimentar a nova centelha de amor na relação de vocês. (Mas sugira isso por meio da técnica de encantar homens!) Façam caminhadas, andem de bicicleta ou de esqui, ou empreendam qualquer atividade enérgica ao ar livre. Isso produz endorfinas e, no fim, vocês estarão trocando olhares lânguidos e planejando fazer muitas outras viagens juntos!

3. Se vocês estiverem morando juntos, não esqueça o poder que uma "noitada romântica" tem — mas não caiam na rotina e optem por variar. Por exemplo, vistam-se separadamente (você, com alguma coisa nova — ou, melhor ainda, experimente algo que você não usaria normalmente!) e encontrem-se no restaurante. Faça com que tudo seja sensual e divertido e rememore os tempos passados juntos desde que vocês começaram a namorar. Faça isso pelo menos uma vez por mês (ou mais) e você terá seu homem olhando para você com olhos gulosos mesmo quando você estiver usando creme para espinhas, com a raiz dos cabelos por fazer ou usando uma touca de banho absolutamente horripilante.

4. Caso vocês já sejam casados, combine todos esses métodos. Façam algo de perigoso de vez em quando; planejem viajar juntos; programem regularmente noitadas sensuais, divertidas e variadas; e deixe as crianças em casa com uma babá ou um membro da família. Se puder, alugue uma linda suíte de hotel, mesmo que seja na cidade em que moram. Vá ao salão fazer um penteado especial para a ocasião, compre um vestido novo (ou vista o que ele mais gosta) e se jogue!

Quando você tiver fixado essas lembranças maravilhosas, crie oportunidades para ativar nele as associações positivas. Por exemplo, se vocês fizeram uma viagem de sonho à Itália e sempre falam sobre aquele restaurante especial em Florença, recrie aquela noite, surpreendendo-o com imagens, sons e cheiros da Itália. Ou então, use o vestido que trajou no primeiro encontro de vocês. Um toque de um perfume "sensual" pode levá-lo correndo para o quarto.

Mantras da encantadora de homens

Capítulo 5

- Negocie tempo para encontrar um momento mutuamente favorável para discutir problemas.
- Faça apenas um pedido ou passe-lhe uma única tarefa de cada vez, sempre recompensando-o pelos seus esforços.
- Faça com que seu homem preste mais atenção em você a longo prazo, criando experiências emocionantes e lembranças duradouras dos momentos passados juntos.
- Faça com que ele crie associações positivas com você apelando para os cinco sentidos.

CAPÍTULO 6

O compromisso e a mente masculina

Conquiste o "gene anticompromisso" dele
(para fazer com que ele queira
você para sempre)

"As mulheres podem ser capazes
de simular orgasmos. Mas os homens
podem simular relacionamentos inteiros."
— SHARON STONE

"A técnica de encantar homens vai fazer
com que seu cara queira assumir
um compromisso com você, é sério!"
— DONNA E SAM

A biologia por trás das atitudes dele

O fato de os homens quererem fazer sexo com o maior número fisicamente possível de mulheres não é apenas um dado biológico; constitui também um lugar-comum que a maior parte das mulheres preferirira nem considerar. Contudo, isso gera um problema: as mulheres estão geneticamente programadas para querer que os homens fiquem ao seu lado para proteger e sustentar seus bebês.

Do ponto de vista físico, os homens não são tão afetados quanto as mulheres pelo que acontece depois do sexo. Eles têm milhões de espermatozoides para gastar, em oposição aos nossos um ou dois óvulos por mês. É isso que motiva as mulheres a serem muito mais exigentes que os homens quando o assunto é acasalamento. Entretanto, não é culpa do homem se ele é geneticamente programado para fazer sexo com o maior número de mulheres que puder. Não se trata de fraqueza. Não faz sentido se zangar com a biologia. Em vez disso, aprenda a lidar com essa questão — siga o fluxo da correnteza — e utilize essa informação a seu favor.

E como você pode fazer isso? Comece a encantar homens! Assim que você aprender a fazer seu homem acreditar que a monogamia é realmente uma boa ideia, ele vai parar de querer apenas se divertir e vai querer assumir um compromisso duradouro com você. Certamente, num determinado momento, alguns homens decidem por si só que estão cansados de sexo casual. Um belo dia, eles descobrem que seus pensamentos se afastaram da trindade sexo, pornografia e cerveja e passam a querer construir uma família e levar uma vida significativa com (pasmem!) uma única mulher. De repente, seus corações passam a almejar algo mais, como apertar os dedinhos do pé de um bebezinho ou acordar ao lado de uma esposa sorridente todos os dias. A personagem Miranda Hobbs de *Sex and the City* disse certa vez: "Os homens são como táxis. Quando estão disponíveis, a luz se acende." A luz a que ela se refere é o momento em que o homem decide que está pronto para "sossegar o facho" e formar uma família. Então, o menino está pronto para virar homem e deixar de pensar unicamente em si (e em seus órgãos sexuais).

Verdade seja dita, até os homens mais compromissados admitem que a monogamia é difícil. Por vezes, *realmente* difícil. Sua configuração biológica faz com que eles ainda queiram ir para cama com outras mulheres... embora se abstenham de fazê-lo. Por quê? Porque um homem desse tipo valoriza a mulher com quem está mais do que o prazer momentâneo de uma nova conquista. Ele sabe que corre o risco de ser abandonado pela esposa ou namorada caso pense em sair da linha. E sabe também que tem uma vida boa, porque ela adota a técnica de encantar homens com ele, mostrando-lhe as coisas positivas. Assim, ele não quer se arriscar a perdê-la e, com ela, toda a vida maravilhosa que tem.

> **ATENÇÃO!** *O que você quer realmente?*
> Decida se você realmente está a fim *dele* ou se você só está a fim da *ideia* dele. Você fica mais tempo sonhando com algo (casamento, filhos) do que passando realmente bons momentos ao lado dele para conhecê-lo melhor? O Dr. David P. Barash e Judith Eve Lipton, autores do livro *The Myth of Monogamy*, apontam sabiamente que é de fato um desafio viver numa sociedade monogâmica quando o cérebro dos homens está programado para ser polígamo. O que ajuda a criar um meio-termo é fazer com que o homem saiba exatamente o quanto vale a pena assumir um compromisso e que vantagem ele poderá tirar disso. Caso contrário, continuará a fugir do compromisso e a querer apenas se divertir para todo o sempre.

O segredo da técnica de encantar homens: mostre porque a monogamia é boa para ele

Mas o que faz um homem ficar pronto para assumir um compromisso? E, ao contrário, o que leva outros homens por aí a repetirem como um mantra "a vida começa aos 50" e resistirem a assumir um compromisso, até quando só lhe restam alguns parcos fios de cabelo na cabeça? Tudo isso tem a ver com *timing* e com compreender o impulso biológico primitivo que move os homens a acasalarem o máximo que podem e com quantas mulheres puderem, sem se sentirem culpados por isso.

A verdade é que meninos não se transformam em homens da noite para o dia, mas a técnica de encantar homens certamente pode acelerar esse processo. Portanto, depende de você demonstrar ao homem os benefícios da monogamia, mostrando exatamente como pode ser deliciosa e maravilhosa a vida com você. O homem em geral teme desposar sua princesa e acordar ao lado de uma jararaca cronicamente infeliz pelo resto da sua vida. O simples fato de conhecer o principal medo dele já é meio caminho andado para fazê-lo assumir um compromisso. Por meio da técnica de encantar homens, você pode tranquilizar todas as relutâncias dele, uma a uma, até que não sobre nenhuma. Se usar a nossa técnica para inculcar-lhe os benefícios de ficar com você todos os dias, ele vai querer ficar porque sabe que vai conseguir mais do que quer da vida assumindo um compromisso com você do que permanecendo solteiro.

> "Por que tanto drama em relação a sexo? Todo mundo devia simplesmente se divertir!"
>
> — DANNY, 27 ANOS,
> ASPIRANTE A GOLPISTA DA SEDUÇÃO

Sejamos honestos. Divertir-se é... bem, divertido! E as relações monogâmicas são famosas por serem difíceis — mesmo nos melhores momentos. Não ouvimos ninguém dizer que o casamento é fácil. Quer queira, quer não, depende de você reiterar que assumir um compromisso não consiste em aprisionar ninguém, mas sim desenvolver uma relação que permita ao casal construir uma vida conjunta e ao mesmo tempo se desenvolver individualmente. Há muitas mulheres que, só por estarem usando aliança, acham que o homem lhes pertence e deve submeter-se aos seus desejos e atender às suas exigências. *Au contraire!* Esse tipo de comportamento é uma das principais razões pelas quais os homens se rebelam e resistem à monogamia, resultando em ainda maior relutância em assumir um compromisso.

Sexo casual: o arqui-inimigo do compromisso

Outro dos principais motivos que levam os homens a relutar tanto em se comprometer é o chamariz do sexo casual. Hoje em dia, as mulheres estão facilitando a relação sexual mais do que nunca. E isso complica as coisas. Por quê? Porque, na realidade, isso encoraja o "gene masculino anticompromisso", em vez de amansá-lo. Algumas gerações atrás, o pessoal se casava para poder fazer sexo. Na melhor das hipóteses, isso pode soar ridículo nos dias de hoje — mas uma coisa é certa, essa perspectiva levava os homens a assumirem um compromisso. Atualmente, como as mulheres modernas tomam pílula e praticam sexo casual como os homens, não sobra a eles praticamente razão alguma para querer se prender a uma mulher.

ATENÇÃO! *O gene masculino anticompromisso*
Configuração física genética que programa os homens para fazerem sexo com o maior número possível de mulheres. Para que um homem aja em sentido contrário à sua programação genética, é preciso que você utilize a técnica de encantar homens para despertar no rapaz algo que ele deseje ainda mais.

Os homens dificilmente valorizam algo que conseguem muito facilmente — e isso inclui transar com qualquer mulher, inclusive você! Assim, caso ele não assuma o nível de compromisso que você quer, pergunte-se: "O que ele está conseguindo sem se comprometer?" Conscientize-se do que você está dando a ele e, então, imponha um valor a isso. Se você não o fizer, ele nunca vai se mexer.

Como fazer um homem assumir um compromisso: Fase 1

Quando você começar a acalmar os medos dele, estará a caminho de fazer seu homem se comprometer com você. Se seguir os próximos passos para fazer o homem se comprometer (não importa há quanto tempo vocês estejam juntos), não precisará temer o gene masculino anticompromisso. Não será ele que governará sua vida amorosa. Você não precisa ser vítima dele! Em vez disso, descobrirá que o seu homem vai correr atrás de você até conseguir cercá-la, por saber que vale a pena abrir mão do sexo casual para ficar com você — afinal, o que ele tem com você vale muito mais que sair à caça de outras mulheres. Você pode fazer com que os homens comam na sua mão, corram atrás de você, fiquem loucamente apaixonados e desesperados por se comprometerem o quanto antes. Eis os cinco passos:

1. Saiba que nível de compromisso você deseja ter com um homem. Pergunte-se: você está pronta para que tipo de relacionamento? Namoro, casamento, filhos ou amante casual? Em que fase da vida você se en

contra? O que quer? Você precisa definir o que quer para poder reivindicá-lo e ver se ele está disponível para lhe oferecer a mesma coisa.

2. Seja o tipo de mulher com quem ele se sinta seguro para se comprometer. Os homens não querem assumir compromissos com mulheres que vão materializar seus piores medos (na opinião deles). Tampouco querem se comprometer com mulheres fáceis demais. Por quê? Porque eles assumem compromisso nos sustentando; se comprometem por meio do dinheiro deles. Os homens precisam ter certeza de que somos confiáveis e que valeremos a pena quando eles "abrirem mão" de todas as outras mulheres no mundo. É importante que saiba por que você vale esse preço. Você deve conhecer o seu próprio valor!

> "Estou casada e feliz há 19 anos. Mas para isso tive de me tornar uma pessoa matutina. Meu marido está no seu melhor antes das 10 horas da manhã. Ainda durante o namoro, comecei a acordar cedo para curtir esse tempo com ele. Cada minuto tem valido a pena e acabou sendo um preço muito pequeno."
>
> — LAUREL, 41 ANOS, PUBLICITÁRIA

3. Adote a técnica de encantar homens para mostrar a ele todos os motivos pelos quais é uma boa ideia contrariar seus instintos biológicos para assumir um

compromisso com **você**. (Veja também a seção seguinte: "Acalmando os medos masculinos diante do compromisso".)

4. Recuse tudo que não corresponder àquilo que você quer de uma relação. Se você está pronta para casar, deve parar de sair com playboys (e homens-objeto!) que só querem se divertir. Em vez disso, comece a agir como uma garota para casar. Caso esteja numa relação séria e deseje ter filhos, mas ele só queira saber de sexo, drogas e rock'n'roll — bem, trata-se de um conflito que você precisa resolver antes de fundar uma família.

5. Espere e seja paciente!

Acalmando os medos masculinos diante do compromisso

A encantadora de homens competente descobre quais são os maiores medos que seu homem tem ao assumir um compromisso e, então, adota uma técnica de encantar homens para demonstrar o contrário. Por exemplo, se ele teme nunca mais poder viajar sozinho com a galera, diga: "Acho tão legal o Jeff e a Sarah tirarem férias separados de vez em quando. É bom poder confiar um no outro para passar algum tempo sozinho!" Listamos a seguir outros medos comuns que os homens nutrem e indicamos como podem ser combatidos com a nossa técnica:

*   **Ele nunca mais vai ter um pouco de paz e silêncio.** Encante-o dizendo: "Às vezes, adoro ficar em silêncio. Passar um tempinho em paz é tão relaxante."

- **Você vai gastar todo o dinheiro dele e levá-lo à falência.** Encante-o dizendo: "Simplesmente não entendo como as mulheres podem ser tão idiotas com dinheiro. Eu adoro fazer orçamentos. Assim sei quanto posso gastar."
- **Você nunca ficará satisfeita.** Encante-o dizendo: "O simples fato de estar ao seu lado me faz feliz!"
- **Ele será seu escravo.** Encante-o dizendo: "Querido, já faz um tempo que você não tem ido (insira a atividade preferida dele) — por que não liga para seus amigos e combinam de ir?"
- **Ele vai acabar com uma mulher ranzinza e gorda.** Encante-o dizendo: "Exercícios são tão importantes para mim. Pretendo permanecer em forma a vida toda."
- **Ele nunca mais vai poder arrotar, peidar ou ver revistas pornográficas.** Encante-o dizendo: "Ei, isso foi um peido? Deixa eu abrir a janela."

Como fazer um homem assumir um compromisso: Fase 2

Se você tem trabalhado os passos anteriores há meses e ele ainda não se comprometeu, está na hora de passar para o próximo nível. Nesse ponto, siga os três passos seguintes:

1. Estabeleça um ultimato interior (mais adiante você vai encontrar mais detalhes a esse respeito).
2. Concentre-se em si mesma e no que vai fazer se ele optar por não se comprometer.

3. Se nada funcionar, está na hora de abordar a temida "conversa" com ele — mas no estilo encantadora de homens!

Vamos esmiuçar as partes deste plano em três etapas:

Lançando mão do ultimato interior da técnica de encantar homens

Muitas dentre nós se veem esperando, esperando, esperando que o homem tome uma iniciativa. Às vezes, você pensa: "Deste mês não passa." Ou: "No aniversário de namoro, vou ver um anel de brilhantes." Ou, caso você já tenha o anel dos seus sonhos, você pode pensar: "*Este* será o mês em que ele vai se lembrar de que um pouco de romantismo resolve tudo." Não importa que vocês estejam juntos há meses ou há anos, se ainda não houver sinal do nível de compromisso que você quer, usar a técnica de encantar homens com ele pode fazer seus sonhos virarem realidade.

> ATENÇÃO! *Não é compromisso a não ser que ele deixe bem claro.*
> Se você está atrás de um compromisso, não se esqueça que a relação de vocês pode parecer um compromisso, mas não é enquanto ele não formular isso verbalmente.

Felizmente, existe uma maneira de usar a técnica descrita neste livro para apelar ao seu gene masculino anticompromisso sem dizer uma palavra. E ela faz milagres! É o que chamamos de "ultimato interior". Simplesmente, decida o que você quer (em outras palavras, suas exigências para continuar na relação)... mentalmente. Diga para si mesma que você está preparada para terminar caso não consiga o que quer dentro de um prazo determinado. (Claro que, se ele não cumprir esse prazo, você pode comunicar seu "ultimato interior" para ele como último recurso antes de ir embora... mas, na maioria das vezes, a coisa nem chega a esse ponto!)

> **Ultimato interior:** Pacto silencioso travado consigo mesma no que diz respeito a quanto tempo você está disposta a dar a ele e o que você permite que o homem receba de você mental, social, espiritual e sexualmente sem se comprometer do jeito que você deseja. Caso ele exceda esse prazo ou queira mais do que estiver disposta a dar, vá embora. Há milhões de outros caras por aí.

Marcar esse limite no seu cenário mental é um fator poderoso. Essa técnica funciona porque os homens têm um sexto sentido no que diz respeito a descobrir quando uma mulher está no fim das suas esperanças e pronta para partir para outra. Assim, fixando seus próprios limites de tempo de forma privada e prematura (antes de estar *de fato* pronta para terminar), você pode acelerar o processo de obter aquilo que quer em seus relacionamentos. Saiba e mantenha-se firme no que tange aquilo que você quer ou não quer dar a um homem sem o nível de compromisso que almeja. E, depois de tomar uma decisão sobre seu ultimato interior, cumpra-a! Não fique num relacionamento que você não sente ser bom para você... nem mesmo se o sexo for demais. Não há quantidade de sexo bom pela qual valha a pena permanecer num relacionamento em que você não se sente valorizada.

Temos visto mulheres demais fazendo concessões só para ficar com um homem — ao agirem assim, elas acabam machucando a si mesmas. Por exemplo, elas vão morar com ele quando ainda não estão prontas, agem como um casal quando ele sequer ainda se referiu a ela como namorada, ou deixam-no falar com elas ao telefone durante horas sem convidá-las para sair. A cada vez que quebra uma promessa feita a si mesma para conseguir a companhia de um homem, você está tomando uma decisão baseada no medo — e não em autoconfiança. Em vez disso, você precisa pensar que, se ele não é o cara certo, você vai encontrar outro homem que estará disponível para dar a você o que seu coração deseja. Quando um homem desperdiça o seu tempo, é porque você permite que ele faça isso... então, não ponha a culpa nele. Em vez disso, estabeleça o limite mental que vai fazer você conseguir o que quer da relação.

Concentre-se em si mesma

Algumas mulheres se concentram tanto em ter um homem em suas vidas que esquecem que suas próprias vidas existiam antes da relação. Se você se encontrar num limbo em termos de compromisso, desloque sua atenção de volta para *seus próprios* sonhos e objetivos. Se você sempre quis fazer mestrado, comece a pesquisar em que instituição gostaria de entrar. Ou comece a planejar as férias que você sempre quis. Ou seja: comece a imaginar um futuro brilhante para você. Desse modo, se a situação infeliz perdurar e você não conseguir um compromisso, não ficará na pior. Você já terá preparado uma base para seguir em frente.

Seu último recurso:
a temida "conversa" com ele

Não importa há quanto tempo esteja com o seu homem, se não estiver conseguindo o nível de compromisso que você quer dele, terá de apelar para "a conversa". Infelizmente, se esse procedimento não for empreendido de forma correta (o que acontece na maior parte das vezes), pode ter resultados desastrosos: o homem em questão se sente imprensado contra a parede e as maiores chances são que ele tente fugir do que ele considera "pressão"! Você então pode ficar inclinada a resmungar e se queixar com suas amigas (fato que contraria o mantra nº 7 da encantadora de homens) de que um homem de verdade não teria tido medo de assumir um compromisso. Contudo, em vez de colocar contra a parede o garotinho que há dentro dele e exigir coisas que ele não está pronto a fazer, é melhor encantar o lado maduro que existe dentro dele.

A conversa inicial

Se você quiser realmente saber em que ponto está sua relação com seu homem (e, claro, você certamente tem direito a essa informação!), lembre-se que ele se sentirá ameaçado caso você exija saber algo imediatamente. Isso o faz se sentir cerceado e ativa instantaneamente seu modo "lutar ou fugir". Em vez disso, delimite prazos mentalmente. Depois, comunique-os com o nosso método. Pergunte-lhe quando seria uma boa oportunidade para conversarem sobre o relacionamento de vocês. No momento e lugar combinados (certifique-se de que não seja na cama, antes ou depois do sexo), comece a discussão afirmando que você compreende que ele pode não ter todas as respostas desde já. Comente casualmente que você curte de verdade a companhia dele ou que está "a fim" da relação, mas que acha que está na hora de conversar sobre o que ele deseja de uma mulher e se ele se vê assumindo um compromisso com você. Não diga que seu objetivo é estabelecer um compromisso. Em vez disso, formule a questão da seguinte maneira: "Com que tipo de relacionamento você está pronto a se comprometer?"

> "Meu maior pesadelo é quando as mulheres me perguntam cedo demais para onde a relação está indo. Eu não sei. Ainda estamos nos conhecendo."
> — GREG, 35 ANOS, GERENTE DE VENDAS

Então, feche a matraca! Deixe que ele resolva. Dê-lhe um pouco de tranquilidade e silêncio para que medite sobre a questão, e então ouça o que ele tem a dizer para descobrir se coincide com o que você quer. Pergunte-lhe quando seria uma boa hora para vocês voltarem a conversar sobre esse assunto. Deixe-lhe tempo, espaço, paz e tranquilidade para ponderar. Lembre-se de que você está tentando comunicar a ele os benefícios de assumir um compromisso com você, ao passo que está sendo honesta consigo mesma.

O período da espera

Então, volte sutilmente a concentrar sua atenção sobre si mesma, enquanto aguarda a resposta. Comece a se preparar mentalmente para encontrar outros homens. Faça as unhas e experimente um penteado novo. Saia mais com seu grupo de amigos e não o convide para ir junto. Torne-se mais independente e menos previsível. O fato de você se concentrar em si mesma vai incitar seu homem a tomar uma atitude. Ele vai começar a sentir sua falta e vai pensar se não há outros homens por aí atrás de você. Então, ele começará a achar que, se não tomar uma atitude logo, outro o fará e ele perderá a mulher dos seus sonhos. Assim, ele chegará sozinho à decisão de assumir um compromisso — mas essa decisão estará baseada nas atitudes que você tomar. Esse processo demanda coragem, força e disciplina. Mas você merece. E ele precisa ver isso por si mesmo, antes de poder decidir dar a você o que você quer para poder continuar o relacionamento.

Aconteça o que acontecer, *não grude*. Grudar nele pode resultar em duas coisas bem distintas (ambas ruins). Pode criar uma atração intensa que o leve a *ter* de ficar com você em vez de *querer* — ou, pior ainda, pode afastá-lo de vez por alimentar o medo de que será esmagado se assumir um compromisso com você!

Na maior parte das vezes, contudo, você obterá o que quer antes que o prazo do seu ultimato interior se esgote. Missão cumprida!

A conversa subsequente

Por outro lado, caso o prazo se esgote sem que seu homem tenha sequer tocado no assunto do compromisso ou do status da relação e nem tenha tentado fazer projetos para passar o fim de semana seguinte com você, dê a ele mais uma chance ao informar seu ultimato interior.

Diga a ele exatamente o que você exige para que ele possa continuar a sair com você. "Estou realmente empolgada com o nosso futuro e valorizo muito tudo o que isso pode trazer para nós, portanto, vou esperar mais alguns dias/semanas/meses para ver o que acontece." Então, feche a matraca. E veja o que ele faz. Se ele não fizer nada, coloque a fila para andar. Claro que não será fácil — mas o lado positivo é que você já estará preparada para encontrar outro cara, na medida em que se tornou mais independente. Lembre-se, existem muitos homens no planeta. Você é maravilhosa demais para gastar sua energia e seu precioso tempo (seu tempo *é* precioso!) com um cara que é incapaz de lhe dar o que quer.

Fique de olho nos falsos compromissos

Você não está num relacionamento sério até que ambos concordem em ter um compromisso e vocês estejam de acordo com o significado desse termo. Não importa como seja o tempo passado com ele. Os homens são capazes de agir como se tivessem um compromisso com você por toda eternidade e, na realidade, continuarem na pista para negócio. Podem até fingir fazer planos para o futuro. Podem repetir sempre todas as coisas que gostam em você. Podem até mencionar a palavra "amor". "Eu amo uma garota que come carne", podem dizer ao vê-la dar uma mordida no seu hambúrguer. Podem inclusive fazer projetos para o futuro, com perguntas do tipo: "Você prefere ir a Paris na primavera ou no outono?" Mas, infelizmente, conforme você vai aprender no próximo capítulo, os homens fazem e dizem praticamente qualquer coisa para levar uma mulher para a cama. Inclusive introduzir a palavra "amor" uma ou duas vezes na conversa, cientes de que você atribui a ela um significado maior do que tem para eles.

> "Eu tento ir para a cama logo de cara com todas as garotas por quem me interesso. Se ela resistir às minhas investidas — e realmente se mantiver firme! —, então sei que ela é diferente."
>
> — JAKE, 26 ANOS, EXECUTIVO DE MARKETING

Até que um homem concorde verbalmente que tem um compromisso com você, você não estará numa relação séria e monogâmica, não importa o quão bom seja ficar com ele. Depois de seis meses de falso compromisso (mesmo que pareça uma relação genuína, porque vocês passam o tempo inteiro juntos!), se você tocar no assunto, prepare-se para ele fugir, dizendo: "Eu achei que a gente estava só se divertindo!" Neste caso, a porta da rua é serventia da casa. E nem há necessidade de ficar zangada. Lembre-se, por natureza, os homens querem se divertir o máximo possível. O que significa que eles podem ficar enrolando... até que a gente vá embora. É por este motivo que seu ultimato interior é tão importante. Ele delimita de modo intangível o que você exige do seu homem para gastar seu tempo precioso com ele.

ESTUDO DE CASO: SUSAN E KEN

Havia quatro meses que Susan estava numa relação com um homem que ela achava o máximo. Ele era bonito, bem-sucedido e muito generoso. Ken a convidava para sair duas ou três vezes por semana. Faziam inclusive programas de casal juntos, do tipo comprar estofados para o apartamento dele, assistir a filmes franceses românticos no cinema e fazer longas caminhadas na praia nos fins de semana. Além disso, Ken sempre ligava para Susan (nada de SMS!) para marcar os encontros. Em seu íntimo, ela sabia estar pronta para uma relação amorosa firme, tendo em vista um futuro casamento. E como tudo na relação com Ken parecia um compromisso, ela parou de sair com outros homens.

Contudo, Ken ainda não havia formalizado o compromisso. Susan não queria afugentá-lo chamando-o para "a conversa", embora estivesse começando a se perguntar se haveria de fato algo a mais entre eles ou se apenas estavam se divertindo juntos. E, certamente, não estava interessada em desperdiçar um ano para depois descobrir que ele só queria se divertir.

Antes de voltar a tomar a iniciativa, Susan precisava inverter seu ponto de vista. Ela precisava perceber que Ken não estava disputando o coração dela... era ela quem estava disputando o dele! E se Susan estava prestes a lhe entregar as chaves do seu coração, Ken tinha de fazer alguma coisa para que ela se sentisse segura para proceder assim. Em vez de ficar confusa e passar o tempo se queixando com qualquer um que topasse ouvi-la, Susan se manteve ocupada, linda e positiva. Ken logo percebeu a mudança em sua personalidade. Começou a querer participar mais na vida dela. Começou a perguntar mais frequentemente sobre os dias dela e convidava-a para jantar com alguns dias de antecedência. E, vejam só, certa noite, durante o jantar, ele mencionou o casamento do irmão e pediu que ela fosse seu par.

— Em que termos? — retrucou ela, distraidamente. — Como sua amiga?

— Como minha... namorada — respondeu ele, sorrindo.

— Você está me pedindo em namoro? — Ela quis saber.

— Sim — Ken sorriu, porque a oficialização da relação partira dele.

Susan mal podia esperar para ver como Ken agia na presença da sua família e como eles se tratavam entre si. Ela sabia que isso deixaria claro se ele era o tipo de homem com quem ela poderia passar a vida ou não.

Este é um excelente exemplo de como você pode converter um falso compromisso num verdadeiro, por meio da técnica de encantar homens. Se você se encontrar no meio de uma relação que é um falso compromisso, a solução é começar a sair com outros homens. Claro que, no início, poderá parecer extremamente doloroso — afinal, você quer ficar com *ele* — mas se ele não estiver disposto a lhe dar o que você quer, então é preciso seguir em frente. Desse modo, você estará disponível para um homem que seja *mesmo* capaz de assumir um compromisso com você, em vez de ficar amarrada a alguém que vai enrolá-la o máximo que puder, até onde você esteja disposta a aturar. O xis da questão é que os homens só são capazes de assumir compromissos com mulheres que primeiramente demonstrem ter compromisso com o próprio bem-estar. Mantenha-se ocupada, ativa, bem-humorada; seja divertida, descontraída e esteja disposta a ser indulgente com você mesma.

Mantras da encantadora de homens
Capítulo 6

- É fato que a maioria dos homens quer sair semeando seus rebentos por aí. Mas o seu *timing* e suas atitudes, inclusive estabelecendo um prazo, vão fazer com que ele queira parar de transar com qualquer uma, aquietar-se e assumir um compromisso — com você.
- Estabeleça um ultimato interior no que diz respeito ao que você quer e quando quer. Se não conseguir o que quiser, pule fora. E se atenha a esse plano!
- Se o seu homem não assumir um compromisso com você no devido tempo, lembre-se que há centenas de outros homens por aí que assumiriam essa posição de bom grado. Não se prenda a um cara só porque ele se faz de difícil. Você merece mais do que isso!

PARTE 3

Encante-o para capturar seu coração

CAPÍTULO 7

A palavrinha mágica

Faça-o dizer "Eu te amo" (sem ele surtar)

"Se alguém diz 'Eu te amo' para mim, sinto-me como se estivesse com um revólver apontado para a cabeça. O que alguém nessas condições pode responder a não ser aquilo que a pessoa segurando a arma exige? 'Eu também te amo.'"
— KURT VONNEGUT, JR.

"A técnica de encantar homens inspira os rapazes a dizerem 'Eu te amo' primeiro, e ainda os faz pensar que foi uma brilhante ideia deles."
— DONNA E SAM

Aguardando aquelas palavras preciosas

Você está no ponto em que os sentimentos de amor invadem suas veias mais rapidamente do que podia imaginar? Quer desesperadamente falar "Eu te amo" para o homem que faz você se sentir no paraíso? Mas talvez ache que aquelas três palavrinhas ficarão mais doces se esperar que ele as pronuncie primeiro? Bem, você está absolutamente certa.

Evidentemente, a mera expectativa (e o desespero) que isso tudo gera é de matar! O desejo de expressar seu amor por ele se acumula dentro de você, como numa panela de pressão a ponto de explodir. A cada dia que passa, sua vontade de se declarar aumenta e está ficando cada vez mais difícil morder a língua.

Então, o que uma mulher deve fazer nessas circunstâncias? Fechar a matraca, é isso aí.

O motivo para fechar a matraca

Por que você deve fazer isso? Porque quando a brilhante ideia de tomar a iniciativa e dar o próximo passo na relação vier dele, tudo será muito mais gostoso. E a maioria dos homens que sondamos também pensa assim. Esqueça o gênero "como perder um homem em dez dias". Se você quiser vê-lo imitar o quadro *O grito*, basta mencionar a palavra "amor" antes de ele decidir que está pronto para isso... ele vai escapulir mais rápido que um foguete.

Se você soltar a batata quente e perguntar "Então, você também me ama?", o desejo dele de pronunciar essas três palavrinhas só poderá ser equiparado à vontade com que ele costuma acompanhar você às compras num dia de liquidação. Essa será a reação dele ao ouvir a palavra "amor" antes da hora certa. E a inclinação de tantas mulheres é justamente dizer isso de forma prematura. Contudo, não é só culpa nossa. Conforme explicamos antes, as mulheres têm uma predisposição biológica a se ligarem aos homens mais rápido do que eles se ligam à gente.

E então, como resolver essa questão? Usando a técnica de encantar homens, é claro!

Lembre-se de que a nossa técnica não força ninguém a fazer nada. Ao contrário, ela se apoia no fato de que a maioria dos homens (que não sejam moleques ou playboys!) quer agradar às mulheres. E se você o encantar corretamente, ele saberá que uma das coisas que fariam você delirar de felicidade seria ele declarar seu amor por você — quando estiver pronto para isso.

Certamente, você pode estar pensando: "Meu Deus, não estamos no século XXI? Por que eu não poderia dizer a um homem que eu o amo? Por que não posso tomar uma decisão executiva (como costumo fazer o dia inteiro no trabalho) no sentido de que não há problema algum em a mulher dizer 'Eu te amo' primeiro?" Claro que você pode seguir em frente e dizer "Eu te amo" antes que ele sequer sonhe em mencionar isso para você. Entretanto, você também o estará levando a meter o pé no freio na corrida atrás de você. E já dá para sentir o cheiro de borracha queimada daqui.

Se você quiser realmente apelar para o gene masculino anticompromisso dele com a técnica de encantar homens, o *timing* é um aspecto crítico. Aguarde o momento certo! Confie em nós; já vimos muitos casos de declarações que deram errado. É por este motivo que recomendamos que você jamais se manifeste antes do homem. Já soubemos de muitas mulheres que arriscaram tudo e declararam ao seu homem que o amavam, e acabaram colhendo um constrangedor "Obrigado", ou "Epa, isso não é meio precipitado?", ou, pior ainda: "Eu achava que a gente só estava se divertindo." Ai.

ATENÇÃO! *Evite prensá-lo contra a parede do "Eu te amo"*

Declarar "Eu te amo" para um homem antes de ele fazê-lo é como colocá-lo dentro de uma panela de pressão. Ele não considera isso um gesto doce ou meigo, mas uma prova de impaciência e tentativa de coerção. Imediatamente, passa a achar que você está exercendo uma exigência velada para ele dizer isso também. Ele teme que talvez esteja cedo demais para isso e que, ao retribuir seu gesto, vai incentivar você ou se comprometer sem estar pronto.

Evidentemente, você também ouvirá histórias de mulheres que disseram "Eu te amo" primeiro e foram bem-sucedidas, mas trata-se de um caso em um milhão. Você pode estar pensando que elas tiveram sorte, mas, acredite, elas são uma exceção à regra. Lembre-se, se quiser ter sucesso, é melhor se ater às regras — e não às exceções.

A teoria "sexo = amor": por que as mulheres confundem amor e sexo

Como você bem sabe, no que diz respeito ao amor e ao sexo, os homens simplesmente não são programados geneticamente como nós. Billy Crystal disse certa vez: "As mulheres precisam de um motivo para fazer sexo, os homens só precisam de um lugar." A verdade é que as mulheres são emocionalmente mais suscetíveis às consequências do sexo do que os homens. Ao ir para a cama com um homem, você secreta o hormônio ocitocina, também chamado pelos cientistas de "hormônio do carinho".

De acordo com pesquisadores da Universidade da Califórnia, em São Francisco, quanto mais você praticar sexo com um homem, mais ficará emocionalmente dependente dele, por causa da liberação de ocitocina. E não importa que o sexo tenha sido bom ou que tenha deixado você se perguntando "É só isso?". Também não importa se você acabou de conhecê-lo. Você está viciada, querida! Ocitocina é a "droga do amor"; seu corpo gosta e quer mais — imediatamente. Sua mente então passa a enganá-la e faz você acreditar que isso está ocorrendo porque está apaixonada pelo cara que está ativando todos esses hormônios.

Como um robô, seu corpo assinala ao cérebro que precisa de mais ocitocina e não se importa se, para consegui-la, você tem de fazer sexo com o cara errado ou com um playboy. Você pode ficar viciada instantaneamente (não por ele, veja bem... pela irrupção de ocitocina que ele provoca) e aí você está frita. Seu corpo simplesmente quer mais, mais e mais! Dessa forma, pode ser extremamente difícil terminar com alguém, embora você (e todo mundo) saiba que ele não é o cara certo; no entanto, seu corpo está quimicamente dependente do dele. Você pode achar que se trata de amor, tesão ou mil outras coisas, mas a verdade é que você está viciada na ocitocina secretada quando faz sexo com ele, o vê, o cheira ou ouve vinte vezes seguidas a voz dele na caixa postal.

Uma vez viciada, você terá de controlar as demandas de ocitocina do seu corpo, mais ou menos como tenta controlar um carrinho de supermercado que fica puxando para o lado. Quando seu corpo começar a guinar para o lado dele, você precisa interromper esse impulso e pensar: "Não!" Antes de telefonar para ele à uma hora da madrugada, pare e pergunte a si mesma: "Sou eu ou é a ocitocina que me leva a fazer isso?" Não ceda. Espere pelo menos 72 horas, para ser exata.

A regra das 72 horas

Caso esteja considerando gritar "Eu te amo" primeiro, lembre-se da regra das 72 horas: é esse o tempo que seu corpo pode levar para se livrar de uma substância que causa dependência (e superar os sintomas de abstinência). Assim, depois de sentir um desejo ardente de se aproximar mais dele quando sabe que isso não é bom para você, espere três dias antes de entrar em contato com ele. (Isso também significa não rastreá-lo pelo Facebook!) Exercer o autocontrole é a única maneira de você se desintoxicar dele completamente. Quando não estiver mais sendo influenciada por seus hormônios, poderá tomar uma decisão mais racional. Sua cabeça será mais forte que a ocitocina correndo nas suas veias. Vença o hormônio dizendo "Não!" aos impulsos induzidos por ele.

A regra das 72 horas: Para saber se a ocitocina (ou qualquer outra dependência hormonal) não tem culpa no cartório, espere 72 horas e verifique se ainda sente o desejo pungente de dizer a ele que o ama ou de fazer qualquer outra confissão que estava prestes a escorregar de seus lábios.

"Será que ele vai mesmo dizer isso um dia?"

Como você deve ter deduzido, as mulheres são muito mais propensas a dizer "Eu te amo" do que os homens. Se você quiser acelerar esse processo, comece a adotar a técnica de encantar homens. Assim, você o inspirará a verbalizar isso — em vez de exigir: "Diga que me ama, senão..." Primeiramente, ele precisa saber que você não vai enlouquecer por ele (como algumas mulheres fazem) e pensar que ele é seu, que você é dona dele e de repente tem permissão de se tornar pegajosa, carente e exigente. Seu homem precisa ter certeza de que, mesmo assumindo um compromisso com você e dizendo "Eu te amo", ainda permanecerá (relativamente) livre.

> ## ATENÇÃO! *Alguns homens utilizam a palavra "amor", mas só querem fazer sexo!*
>
> Alguns homens namoram a mulher por um nanossegundo e já dizem a ela que a amam. Claro, todas queremos acreditar que amor de verdade possa realmente surgir tão rapidamente. E, claro, você merece. Mas, infelizmente, alguns homens manipuladores aprenderam que um simples "Eu te amo" tem o poder de levar as mulheres para a cama mais rápido do que se eles fossem o George Clooney em pessoa.
>
> A ciência comprova essa teoria: de acordo com um estudo desenvolvido na Universidade Southeastern, um número significativamente mais elevado de homens do que de mulheres responderam que diriam "Eu te amo" mais cedo do que sentiriam por uma única razão: sexo. Sim, meninas, essas três palavras não são sagradas para todo mundo. Alguns caras mentem para fazer vocês irem para a cama com eles. Por quê? Porque eles são biologicamente programados para depositarem seu esperma no maior número possível de mulheres. E alguns homens usarão a esperteza (e a maldade) e lançarão mão da fórmula dessas três palavrinhas mágicas para conseguirem se dar bem. Caso o "Eu te amo" dele pareça chegar antes da hora, provavelmente esse é o caso.

Lembre-se, encantar homens não é manipular o cara errado para fazê-lo pensar que a ama; trata-se de conseguir que o cara *certo* que está na sua vida reconheça os sentimentos que tem por você quando ele estiver pronto para isso. Você só estará cutucando-o ligeiramente para ele superar sua programação genética e se transformar em alguém que não tem medo de expressar o seu amor.

ESTUDO DE CASO: AMY

Depois de esperar nove meses para ele declarar "Eu te amo", a atriz Amy, de 39 anos, se encheu.

— Que diabos está havendo com ele? — perguntou ela.

Afinal, Amy era bem-sucedida, deslumbrante e talentosa. Não conseguia entender por que ele não podia simplesmente dizer essas palavras. A pergunta mais correta seria: que tipo de vibrações de desespero estaria ela emitindo que o deixavam tão nervoso a ponto de impedi-lo de se declarar?

Nós a aconselhamos a se distanciar dessa situação para reativar o "gene de caçador" dele, e ela foi passar duas semanas em Londres para visitar a família. Além disso, desligou o telefone e recusou-se a conferir os e-mails. Fechou a matraca sobre o assunto e deixou que ele "desse um jeito", sem exigir absolutamente nada.

E então, pasmem, quando ela ligou o telefone alguns dias mais tarde, encontrou uma mensagem de texto do namorado, contendo apenas estas singelas palavras: "Sinto sua falta." Passou perto, mas não foi dessa vez. Então, ela respondeu: "Por que sente falta de mim?" Algumas horas mais tarde, apareceram as palavras que tanto havia desejado:

"Porque eu te amo. Volte logo para casa." Ela mal podia acreditar em seus olhos!

O simples fato de você se distanciar da situação possui o poder mágico de fazer um homem pronunciar a palavra "amor". Isso acontece porque, ao se tornar ligeiramente indisponível, você reativa o gene de caçador, que reacende o interesse dele. Essa estratégia é infalível, porque leva dopamina e testosterona a circularem pelas veias dele. Ao se ausentar, você cria um espaço que o faz perceber que ele precisa tomar uma atitude para aprofundar o relacionamento, caso não queira correr o risco de perdê-la.

Por que você precisa tanto que ele diga "Eu te amo"?

Sempre que você achar que precisa de alguma coisa, estará diminuindo o poder que tem. A verdade é que você não necessita realmente que ele diga "Eu te amo". Claro, você pode *querer* que ele o faça, mas não vai morrer se ele não o fizer. Seu corpo encontra-se somente sob uma influência química — especialmente se você tiver ido para a cama com ele sem compromisso! Então, a sua cabeça e o seu coração vão querer se adequar ao compromisso físico que o seu corpo fez e equacionar a questão.

Em vez de querer que ele se declare, pense com seus botões: "Eu sou ótima. Se ele me amar, vai dizê-lo quando estiver pronto para isso. E se ele não disser, vou conseguir resolver a situação e chegar a uma solução."

Entretanto, se você não puder esperar que ele o diga, pode amenizar a coisa fazendo um comentário ou uma observação, em vez de colocá-lo contra a parede para ele se declarar para você.

Se você achar que simplesmente precisa trazer a palavra "amor" à baila durante a conversa, recomendamos que você lance mão das seguintes perguntas, que são relativamente suaves:

- "Estamos apaixonados?"
- "Isso é amor?"
- "Quando você acha que é o momento certo para dizer 'Eu te amo'?"
- "Como a gente sabe se está apaixonado por alguém?"

Independentemente da variante que utilizar, não a transforme numa pergunta com resposta sim/não. Você está pedindo a opinião dele sobre o quesito amor, e deixe que ele resolva, medite e demonstre exatamente o quanto sabe sobre o amor e relacionamentos. E, lembre-se, alguns homens pensam ser românticos. Do mesmo jeito que um homem pode sonhar em pedir a mulher certa em casamento, ele também pode sonhar em dizer "Eu te amo" para você... algum dia.

Cinco passos para obter um "Eu te amo" por meio da técnica de encantar homens

Agora que você conhece as premissas básicas de como encantar um homem para que ele profira essas três palavrinhas, apresentamos um plano mais detalhado, composto por cinco passos.

1. Não exija que ele o diga.
2. Se você quiser que ele o diga um dia, faça com que ele se sinta seguro.
3. Seja a mulher para quem ele quer dizê-lo.
4. Distancie-se da situação se você sentir que ele é o cara certo, mas teme ficar carente ou disponível demais.
5. Feche a matraca e exercite sua paciência.

Vamos aprofundar em seguida cada um desses passos, para você ter uma visão geral da questão.

1. Não exija

A chave para conquistar o coração dele por meio da nossa técnica é falar uma linguagem que ele compreenda. Dizer "Eu te amo" primeiro é análogo a mandar ou exigir, embora possa não parecer assim para você. Sua iniciativa o leva a pensar que você espera determinada resposta de reciprocidade da parte dele. E, caso a resposta do seu homem não seja a que você quer ouvir, ele sabe que haverá lágrimas, briga, drama e problemas.

Exigir qualquer coisa é uma violação grave do mantra nº 10 das encantadoras de homens. Ele vai se sentir instantaneamente pressionado para corresponder, o que ativa uma reação de "lutar ou fugir" no cérebro dele. Portanto, não faça isso. Mantenha-se ocupada com outros projetos, para que ele não crie a impressão de que você está desesperada atrás de alguém que se declare para você. Em vez disso, recompense-o por todas as coisas boas que ele faz por você. Não faça com que ele sinta que você precisa ouvir aquelas três palavrinhas. Sejamos honestas, dizer "Eu te amo" antes dele é simplesmente, bem... coisa de mulher carente. E ser carente é algo muito distinto de ser atraente.

> **Modo lutar ou fugir:** Os homens entram no modo lutar ou fugir quando se sentem pressionados para corresponder às suas emoções e ao seu modo de sentir a relação. Instintivamente, ele sabe que se sentir a coisa "errada", será punido. Para sair da situação de ter de sentir o que não quer, ele acabará arranjando uma briga com você para comprar tempo, ou então cairá fora fisicamente da situação e não vai ligar nunca mais.

2. Faça com que ele se sinta seguro

Não importa o quão frustrada você esteja com seu homem, mantenha a calma. Se pegar no pé dele ou o ameaçar para que ele se sinta da mesma forma que você, ele ficará pressionado e entrará no modo lutar ou fugir, o que nunca é uma boa ideia nos relacionamentos, porque inadvertidamente ele pode transformar você (pasme!) numa inimiga. E isso não o faria se sentir seguro.

Dizer "Eu te amo" dentro de um relacionamento é o modo de o homem dizer que está disposto a dar o próximo passo, tornando-se exclusivo e fiel. Não há nada no mundo que vá fazê-lo baixar a guarda e arriscar ser rejeitado por você, a menos que ele se sinta inteiramente seguro e correspondido no amor. Portanto, sim, sinta o amor dele. E demonstre o seu, antes até de pensar em fazê-lo se declarar para você. Faça com que ele perceba que dispõe da sua confiança.

3. Reforce as associações positivas que ele cria a seu respeito

Para mostrar seu melhor lado a ele, experimente esse truque simples: a cada vez que atender aos telefonemas do seu homem, abra um belo sorriso. Se você fizer isso, ele terá uma sensação agradável ao falar com você ao telefone e, consequentemente, associará sentimentos felizes e positivos às interações que tem com você. Você também pode atender com um tom de voz animado, para que ele saiba que está feliz em falar com ele. Ele sentirá um frio na barriga toda vez que vocês se falarem ou estiverem juntos. Certamente, inspirar um homem a fazer qualquer coisa envolve certa dose de representação. E, com efeito, "fingir" ajuda a mudar seu estado de espírito instantaneamente. Quando você sorri, seu corpo acaba liberando substâncias químicas de "felicidade", que podem mudar seu humor. Mesmo nos piores dias, procure encontrar algo para fazê-la sorrir e logo começará a se sentir bem novamente. Por quê? Porque o cérebro humano só pode pensar em uma coisa de cada vez. Então, é melhor que seja algo agradável! Numa situação assim, todos ganham.

4. Distancie-se da situação

Às vezes, a melhor coisa a fazer é se afastar. Isso faz milagres, porque a distância realmente faz a saudade bater no coração do homem. Se você estiver sempre por perto e facilitar as coisas para ele, seu homem não terá de correr atrás de você e não se sentirá desafiado a se declarar. Quando sentir que falta muito para o seu homem dizer "Eu te amo", distancie-se da situação, da cidade ou do seu apartamento — e pronto. Oferecer-se de bandeja é a pior maneira de tentar fazer com que um cara declare seu amor. Lembre-se: ele estará mais inclinado a fazê-lo se achar que vai conseguir uma recompensa em troca de dar o próximo passo na relação. Se ele já estiver sendo recompensado dia sim, dia não (ou duas vezes por noite!), sua motivação para dizer que a ama será zero. Ele julgará já ter feito o suficiente, afinal, ele está conseguindo o melhor de você!

As mulheres que adotam a técnica de encantar homens sabem "desgrudar" de um homem quando acham que ele não está lhes demonstrando suficiente amor, desejo, generosidade — seja lá qual for o problema. Se você realmente não puder sair da cidade, dê um tempo, mesmo de perto. Não telefone, não envie mensagens nem e-mails durante três ou cinco dias. A não ser que ele ligue e consiga encontrar você no telefone, você vai se manter indisponível. Saia. Divirta-se. Não passe horas em casa pensando nele. Nesse sentido, os homens são como os cães. Sentem instintivamente o cheiro de mudança no ar... e se ele a amar e quiser ficar com você, tomará uma atitude! Se você mora com o seu homem, encontre uma atividade que faça você ficar muito fora de casa (e que não envolva voltar totalmente bêbada). Vá ao museu, desenvolva novos interesses ou faça um curso. Quebre a rotina. E, se puder, saia da cidade. Ambos ganharão perspectiva com isso. Mas a coisa toda tem de ser "light". Ao sair, você quer demonstrar que é preciso mais que a velha rotina para manter seu interesse. Comunique isso gentilmente a ele e explique que o telefone celular vai permanecer desligado durante a maior parte da viagem, mas que vocês voltarão a se ver dentro de alguns dias. E, claro, acrescente que você não vê a hora de voltar. Assim, ele não ficará preocupado nem ficará na defensiva instantaneamente.

> "Quando preciso de um tempo geral do casamento e da vida, tiro férias num lugar onde o serviço de telefonia móvel seja muito ruim. Assim, meu marido não fica achando que é pessoal quando não nos falamos por vários dias."
>
> — ELLY, 38 ANOS, SANITARISTA BUCAL

5. Feche a matraca e exercite sua paciência

Lembre-se de que fechar a matraca é uma estratégia eficaz da técnica de encantar homens. Você não está sendo quietinha ou caladona. Sabemos que você é articulada e tem muito a dizer. Contudo, guarde esses rios de palavras para aquelas tardes em que vai ao salão fazer as unhas com as amigas. Por quê? Porque no exato momento em que você para de falar, a capacidade de resolver problemas do seu homem se multiplica. Para a maioria das mulheres, a paciência não é algo que nos caracteriza. Nem mesmo é uma segunda natureza. É por esse motivo que é preciso exercitar a paciência. Às vezes, você precisa esperar pela reação que deseja. E, quando agir assim, os homens darão tudo a você de coração e não apenas para restaurar a paz e... o silêncio!

Use a técnica de encantar homens para ouvi-lo dizer "Eu te amo" mais vezes

Se você tem um relacionamento sério ou é casada, provavelmente já ouviu o parceiro dizer "Eu te amo" alguma vez. Entretanto, depois do período "açucarado" da lua de mel, você pode ficar chateada por ele não dizer *suficientemente* essas três palavrinhas. A essa altura, você precisa aprender outro segredo da técnica de encantar homens: decifrar os "sinais de amor" dele.

O que são sinais de amor?

Acredite ou não, para muitos homens, dizer a uma mulher que a "ama" virou sinônimo de perigo e compromisso, além da possibilidade real de serem rejeitados. Consequentemente, em vez de se arriscarem, eles estabeleceram um pequeno código próprio para se declarar ao objeto do seu amor.

Os homens demonstram seu amor pela maneira generosa com que presenteiam e pelo que fazem por você, o que é expresso numa miríade de formas — a que chamamos de sinais de amor. Você precisa aprender a captar esses sinais, reconhecê-los, recompensá-lo por eles e mostrar-lhe seu apreço.

Listamos a seguir os sinais de amor mais comuns:

- Ele liga e faz planos para sair com você.
- Ele paga pelos programas que vocês fazem juntos.
- Ele apresenta você à família, aos amigos e aos colegas de trabalho.

- Ele é generoso durante o sexo.
- Ele cuida do seu carro.
- Ele conserta as coisas para você e procura resolver seus problemas.
- Ele acompanha você (praticamente) de bom grado para assistir comédias românticas no estilo água com açúcar.
- Ele a elogia.
- Ele é generoso com o tempo que passa com você.
- Ele honra os compromissos que assume com você.

Cada vez que um homem faz algo assim, está mostrando que te ama. Ele pode não verbalizar a coisa, mas suas ações falam por ele. Quando você se conscientizar de todas as maneiras como ele *demonstra* que a ama, parará de implorar a ele para *dizer* "Eu te amo". Passará a ver e a sentir isso, mesmo sem ouvir as palavras. Então, poderá julgar o compromisso dele com a relação de vocês a partir de um ponto de vista inteiramente distinto. E, como toda mulher que utiliza a técnica de encantar homens já sabe, quanto menos você exigir dele e quanto mais fechar a matraca, melhor!

Exercício da técnica de encantar homens

Mantenha um diário e anote as formas com que seu homem mostra que a ama. Ele trocou o pneu furado? Abasteceu o carro? Levou você ao seu restaurante preferido? Ele disse que você estava gata naquele minivestido sensual que você acabou de comprar numa loja badalada? Ligou na hora marcada ou arranjou um tempinho entre duas reuniões para enviar uma mensagem atenciosa? Visitou-a de surpresa? Perguntou pela sua avó? Faça uma lista e você se surprenderá em ver quantas vezes ele demonstra sua verdadeira afeição sem estar propriamente formulando as palavras!

Os sinais de amor dele:

_____
_____
_____
_____
_____
_____
_____
_____

ESTUDO DE CASO: HEIDI E JAMES

Heidi achava estar numa relação destituída de amor. Como muitas mulheres casadas na faixa dos 30 anos, ela estava chateada porque o marido já não dizia mais que a amava. Sequer lhe demonstrava muito carinho. Ela observava com inveja outros casais se aconchegando no restaurante e não conseguia compreender exatamente por que a atmosfera do seu casamento era tão fria e distante. Por fim, ela decidiu ser franca e questionou o marido diretamente.

Irritada, abordou-o dessa forma:

— Eu sou sentimental e estou sempre dizendo o quanto te amo. Mas você nunca chega por trás de mim, me abraça e me diz que me ama. Por quê?

O marido pareceu chocado:

— Como assim, eu não digo que a amo? — replicou. — Eu não levei você para jantar outro dia mesmo? Não comprei o quadro de que você gostou para a sala de estar? Não ajudei você a consertar seu computador ontem? Você não sai dos meus pensamentos. Quase tudo o que eu faço é para você.

Ela ficou perplexa. Passara todo esse tempo se torturando porque James não declarava seu amor em palavras e, no entanto, aí estava ele demonstrando o sentimento e apoiando-a de várias outras maneiras!

Ele prosseguiu, lembrando a Heidi que ele a ajudara a abrir sua empresa de recrutamento e que pagaria os seis primeiros meses do aluguel caso ela encontrasse uma sala comercial. Esse era o seu modo de demonstrar amor. Ele só não se expressava por palavras; em vez de falar "sentimentalmente", demonstrava isso através de ações, que incluíam ser extremamente generoso com seus recursos financeiros.

Mantras da encantadora de homens
Capítulo 7

- Nunca diga "Eu te amo" para ele primeiro — isso equivale a exigir que ele retribua a declaração e aciona sua reação de lutar ou fugir.
- Não se mostre carente de carinho — as mulheres que utilizam a técnica de encantar homens certamente gozam da atenção e do carinho do seu homem, mas elas não dependem disso para serem felizes.
- Não permita que sua ocitocina a engane a ponto de pensar que ama o homem com quem acabou de transar. Não é você que se sente assim — são os seus hormônios. Pense nisso — especialmente se tiver acabado de conhecer o cara. Como seria possível você sentir A-M-O-R por ele?
- Aja de forma independente, mas ao mesmo tempo faça com que ele saiba que você precisa dele, o aprecia e o quer.
- Distancie-se da situação: diga a ele que vai a um bota-fora surpresa, vai sair com suas amigas ou vai a um casamento sozinha. Quando ele perguntar o porquê, responda que você apenas precisa de um tempinho e está ansiosa por desligar seu telefone e se divertir um pouco fazendo um programa de mulher.
- Resista a pedir explicitamente para que ele diga que a ama. Em vez disso, perceba todos os modos com que ele lhe demonstra seu carinho.

- Se já se passou muito mais tempo do que você queria e não adiantou nada, se analisou todos os potenciais sinais de amor e mesmo assim não percebe nada, então é o caso de reavaliar a situação. Ele pode não estar apaixonado por você, e você merece muito mais que isso! Não o force a dizer nada; aceite o que ele lhe dá ou vá embora, se isso não corresponde ao que você quer de uma relação amorosa.

CAPÍTULO 8

Ele vai dizer "sim" algum dia?

*Faça com que ele a peça em casamento
(sem que se sinta forçado)*

"O casamento requer um talento especial, é como representar. A monogamia exige genialidade."
— WARREN BEATTY

"A genialidade de uma mulher está em aprender a conversar com o gene monogâmico dele."
— DONNA E SAM

Em primeiro lugar, pergunte a si mesma: por que quero me casar?

Não é justo você insistir que seu homem a peça em casamento só porque você está entediada, apertada financeiramente, cansada de estar solteira ou não aguenta mais ouvir sua mãe falar para você se casar. Se você está desesperada para ficar noiva, procure os verdadeiros motivos por trás disso. É sério, porque, depois de todo o fuzuê em torno de anunciar que ficou noiva, exibir seu anel de brilhante, escolher o vestido, desfilar até o altar e curtir a lua de mel, o ímpeto acaba.

Se você estiver com pressa pelos motivos errados, não force a barra. As mulheres que simplesmente querem realizar o sonho de uma festa de casamento digna de contos de fada, em vez de realmente assumir um compromisso com outra pessoa, costumam se perguntar ao cair na rotina da fase posterior ao casamento: "É só isso?" Se esse for o seu caso, logo estará ansiosa pelo próximo ímpeto no relacionamento que, como a onda de uma droga, dispara e em seguida despenca abruptamente.

Os homens têm todas as desculpas possíveis

Se você quer se casar pelos motivos corretos e preferiria que seu homem não saísse por aí com a secretária, a estagiária, sua própria babá ou sua amiga do peito, é melhor aprender as técnicas de encantar homens para acessar e ativar o gene monogâmico dele. É isso aí, a exemplo do ponto G das mulheres, esse conceito intangível existe de fato — você só precisa saber exatamente o que vai fazer com ele quando o acessar. E, quando o fizer, saberá o que um homem precisa para manter seu interesse focalizado em você, e exclusivamente você.

Evidentemente, se já teve um namorado por mais de uma fração de segundo, você sabe que é raro ouvir um homem dizer que está buscando "um relacionamento". Ou que quer adiar o sexo para ter certeza se está realmente apaixonado pela mulher. Ou que ele quer filhos tão desesperadamente que está pronto a "sentar o facho" com a primeira mulher minimamente decente que cruze seu caminho. Isso sem mencionar que os homens são notórios por inventarem desculpas anticompromisso que oscilam entre o fantástico e o incrivelmente insensato, e tudo isso para conseguir levar você para a cama rapidamente, gastando pouco e sem ter de conversar sobre alianças, bebês, vestidos de noiva ou contas bancárias conjuntas.

Você acha que a desculpa que o seu homem dá para não assumir um compromisso é ridícula? Espere até ouvir estas: Johnny Depp alegou certa vez não querer estragar o sobrenome da namorada, Brad Pitt é famoso por sua afirmação de que somente se casaria "quando todas as outras pessoas que querem se casar no país possam fazer isso legalmente", George Clooney desconversou dizendo "não ser nada bom nisso" e nosso amigo Ken declara que "o relacionamento vai se estragar" com um casamento.

Como pôde ver, seu homem e suas exuberantes desculpas anticasamento não são tão incomuns, afinal. Mesmo assim, uma mulher pode ficar confusa quando ouvir uma amiga dizendo que está exigindo que o seu homem a peça em casamento. Ou quando fica sabendo de uma mulher que pressionou o cara até ele confessar que é o tipo de homem "para casar". Será essa a melhor maneira de proceder? Não, não e não!

As principais razões pelas quais os homens temem se casar

Claramente, a maior parte dos homens resiste à palavra casamento. A melhor maneira de lidar com os maiores medos do seu homem é tentar tranquilizá-lo de que eles não se tornarão realidade. Portanto, chegou a hora de fazer umas investigações. Descubra quais são os maiores medos dele quanto a assumir um compromisso — ele teme que você o impeça de jogar pôquer, ou pinte o apartamento dele de verde e amarelo, ou pare de fazer sexo com ele, ou deixe de ser do seu jeito meigo, carinhoso e divertido? E depois, vá acalmando-os. Não ria dele. Com frequência, os medos mais profundos são irracionais e não fazem nenhum sentido do ponto de vista lógico. Quando se trata do mundo emocional, é raro que a racionalidade prevaleça. Portanto, seja paciente e solidária, mesmo que os medos dele lhe pareçam bobagem. Não são bobos para ele e podem constituir os únicos obstáculos que o impedem de pedi-la em casamento. Então, não coloque tudo a perder! Listamos aqui alguns motivos pelos quais os homens podem temer assumir compromissos:

Eles temem não conseguir mais fazer tanto sexo

Os homens acreditam que a vida de solteiro é sinônimo de muito sexo, enquanto se deixar amarrar seria equivalente a ter de desistir de vez de ter relações sexuais frequentes e boas. Numa época em que as revistas dão ênfase aos casamentos sem sexo e há programas de televisão inteiramente dedicados a ajudar casais que não fazem sexo a retomar suas vidas amorosas, não admira que os homens vivam atormentados pelo medo de que levar a noiva para o altar signifique o fim da vida sexual que conhecem.

No filme *Penetras bons de bico*, há uma cena famosa em que John Beckwith, um sedutor em série, encontra o noivo vomitando no banheiro antes da cerimônia do casamento. Então, John desfia todo o rosário de questões que passam pela cabeça do noivo: o fim da sua vida sexual e o seu próprio fim.

Os homens têm um zilhão de motivos para se recusarem a assumir um compromisso, mesmo quando amam você profundamente. É por isso que você precisa usar a técnica de encantar homens para tranquilizá-lo de que não vai sufocar seu estilo de vida, sua liberdade ou parar de fazer sexo com ele quando forem casados. Quando conseguir passar esse recado para ele, estará a meio caminho do matrimônio.

Eles temem perder sua identidade

Outro medo profundo que os homens têm em relação ao casamento é o de que vão se perder. Seu homem teme que, no momento exato em que formular o pedido de casamento, a forma de vida que conhece vai acabar, e ele vai perder a própria identidade.

Outros possíveis motivos para o medo dele

1. Ele teme que você gaste todo o dinheiro dele, não fique satisfeita com isso e queira sempre mais, mais e mais.
2. Ele teme lhe dar tudo o que tem e depois você abandoná-lo por outro.
3. Ele teme que você se desligue sexualmente, fazendo com que ele se torne um homem desesperado, solitário e destituído de sexo.
4. Ele teme que você mude e se torne pouco atraente para ele.
5. Ele teme que, quando vocês tiverem filhos, você vá concentrar todo o seu amor nas crianças e ignorá-lo.
6. Ele teme chegar ao ponto em que sair da relação se torne difícil ou dispendioso demais, o que vai fazê-lo ficar e passar uma vida inteira sofrendo.

Então, o que a encantadora de homens faz para combater isso tudo? Acalma os medos dele. Se a preocupação do seu homem for dinheiro, mostre-se conscienciosa com as despesas. Se o problema for a aparência física, mostre a ele o quanto você se dedica para permanecer saudável e em forma. Se o que o perturba é a possibilidade de ficar entediado, demonstre gostar de variedade, para que ele saiba que você continuará sempre a ser interessante para ele. E assim por diante.

Segue uma lista com itens específicos que você pode mencionar casualmente para ajudar a combater os medos dele:

- Quando o fizer gemer de prazer, comente: "Isso não é nada, tenho muito mais truques na manga."
- Quando ele estiver iniciando o ato sexual, diga: "Eu sonhei o dia inteiro com você me tocando aqui."
- Quando ele estiver fazendo algo sem importância, como vendo TV, abane-se repentinamente, como se estivesse com calor, e declare: "Fiquei tão excitada só de olhar para você."
- Ao se vestir, pergunte a ele: "Esta saia está curta o bastante para você? Ou seria melhor usar aquela super micro hoje à noite?"
- Quando ouvir falar de mulheres que querem tomar tudo do ex-marido no divórcio, anuncie: "Não entendo por que as mulheres têm que ser tão cruéis e tirar cada centavo que o homem tem. Isso simplesmente não é certo."
- Ao planejar sua semana, indague: "Querido, você acha que passamos bastante tempo separados, fazendo cada um as suas coisas?"
- Ao praticar sexo oral com ele, conte em tom de segredo: "Eu adoro isso. Podia fazer isso sempre!"
- Ao fazer o orçamento da casa, proponha: "Que tal a gente dar uma mexida na rotina? Você quer economizar para uma viagem de surfe ou prefere o passeio de motocicleta de que vinha falando?"

- Quando mostrar uma roupa nova para ele, comente: "Esperei até que entrasse em liquidação e comprei pela metade do preço." Ou: "Não me sinto bem gastando muito dinheiro com roupas. Gasto só o suficiente para me sentir bem e ficar bonita para você."
- Ao terminar uma conversa telefônica, diga: "Querido, estou indo para a ginástica para manter minha bunda durinha para você."

Com o passar do tempo, seu homem vai registrar esses comentários e isso ajudará e muito para apaziguar seus medos específicos.

Assumir um compromisso tem de ser escolha dele

Quando você tiver acalmado seus medos de casar, provavelmente, seu homem vai tomar a decisão de pedi-la em casamento por conta própria. E essa é exatamente a situação que você busca. Exigir qualquer coisa de um homem é contrariar os mantras das encantadora de homens, especialmente no que diz respeito a monogamia, casamento ou qualquer coisa relacionada a ganhar um anel de diamante. A técnica de encantar homens oferece a solução. Ela permite a seu homem tomar atitudes baseadas em inspiração — porque você apresenta o problema de tal maneira que, independentemente do que ele sugerir, passará como sendo uma brilhante ideia dele. Assim, quando ele pedir que vocês tenham um compromisso maior, será por vontade dele, e não porque você o pressionou para ele agir dessa maneira.

ATENÇÃO! *Por que os homens ficam solteiros?*
Segundo o censo norte-americano, o número de homens solteiros aumentou significativamente desde 1990. Qual é a razão número um que faz os homens permanecerem solteiros hoje em dia? É porque — grande surpresa — eles estão conseguindo sexo sem casar muito mais facilmente do que em qualquer outro período. Um estudo realizado em 2002 na Rutgers University descobriu que os homens acham que podem conseguir fazer saliências na cama sem sequer ter de pagar pelo jantar. A maioria dos homens afirma considerar as mulheres que encontram em bares e boates como parceiras sexuais casuais, e não para se casarem.

"Minha namorada se queixa de que eu 'nunca' ligo para ela. Ela não para de telefonar e me perguntar: 'Que rumo nossa relação está tomando?' Ela quer saber tudo tim-tim por tim-tim e ainda me acusa de ter fobia de relacionamentos sérios, porque eu não pedi para ela se casar comigo. Mas quer saber? Não tenho fobia de compromissos! E, na realidade, eu ia pedi-la em casamento, mas me sinto tão pressionado que fiquei desestimulado. Tenho medo de ela passar a me pressionar para outras coisas. Tudo foi por água abaixo, pois, com uma mulher assim, as exigências só tendem a piorar."

— DON, 32 ANOS, CORRETOR DE IMÓVEIS

Don se parece com a maioria dos homens com que falamos: ele já não aguenta mais o jeito que as mulheres têm de exigir compromisso, sexo e dinheiro, além de insistir que os homens respondam às suas perguntas imediatamente. Ninguém pode censurá-lo por isso. O que você provavelmente não sabe é que Don, a exemplo de muitos outros homens, está realmente interessado em encontrar uma mulher que o fará querer "sossegar o facho". Ele vive na esperança de encontrar alguém que possa levar para casa e apresentar à mãe. Contudo, todas as namoradas que arruma acionam diretamente seu gene antimonogamia, afugentando-o. De maneira errada, elas acreditam que o jeito de conquistar o coração de Don é pressionando-o. Infelizmente, estão sem sorte. Não obstante, essas mulheres continuam a ligar e perseguir Don até que, por fim, ele acaba dizendo que "simplesmente não está pronto para um relacionamento". Aí, então, elas passam a resmungar, ficam amuadas e reclamam com as amigas que Don claramente sofre de um grau extremo de fobia de compromissos.

Entretanto, a verdade é que ele está desesperado por encontrar uma boa mulher com quem possa assumir um compromisso — apenas não quer ser pressionado. Ele quer que a escolha seja dele; uma escolha que ele faça quando se sentir pronto para isso. Don conta que está ficando cada vez mais difícil encontrar uma mulher que ele possa adorar e mimar, com quem possa se ver tendo filhos... e também uma mulher que o faça persegui-la.

A importância da caçada

Para aprender a encantar o gene monogâmico dele, primeiro você precisa aprender a conhecer o ciclo do amor. Vamos voltar ao caso de Don. Quando Don vê uma garota maravilhosa ao lado do bar, com um decote revelador e provocantes olhos azuis, seus níveis de dopamina elevam-se instantaneamente. Para o cérebro, isso sinaliza que a caça começou. A partir daí, o cérebro de Don vai concentrar toda a atenção na mulher que ele deseja, até que a caça seja ganha... e concluída. Consequentemente, seus instintos biológicos o mandam fazer tudo o que está em seu poder para levá-la para a cama naquela mesma noite. Assim começa a caçada. Ele descobre que o nome dela é Kendra. Paga uma bebida para ela, conta a piada mais divertida que conhece, toca suavemente no cabelo dela, sussurra-lhe algo encantador no ouvido, presta atenção de verdade quando Kendra fala e procura fazer todas as perguntas certas.

> **Gene monogâmico:** Os homens querem fazer sexo da forma mais fácil possível. Porém, eles também querem uma casa e uma família, e desejam construir um lar e constituir um patrimônio com a mulher certa. Isso é que é o gene monogâmico. Apele para esse lado dele, e ele vai desejar "sossegar o facho" com você, em vez de ficar brincando por aí com outras.

Don sabe que, normalmente, esse é o momento da noite em que as mulheres concordam em ir ao apartamento dele — ou, às vezes, até acontece de elas mesmas sugerirem isso. Mas, espere; Kendra é diferente. Ela solta uma risadinha quando ele a convida para sua casa, diz que é cedo demais para isso e que ela tem aula de pilates de manhãzinha. Mas ela adoraria vê-lo outra vez. Num almoço. Kendra sabe que, se tivessem feito sexo naquela noite, os níveis de dopamina de Don despencariam para quase zero (até ficar excitado novamente!) e a caça terminaria. Isso acontece porque, quando consegue sua presa e obtém um orgasmo, o corpo libera os hormônios ocitocina e vasopressina, que bloqueiam a dopamina (que o faz querer ir ao encalço dela) no cérebro

> **ATENÇÃO!** *Prolongue a caçada.*
> De acordo com Ted Huston, da Universidade do Texas, em Austin, a velocidade com que o namoro progride com frequência determina o sucesso geral da relação. Quanto mais longo o namoro, mais forte se torna a relação estável. O estudo, que desde 1979 analisou 168 casais para estabelecer a porcentagem de casamentos bem-sucedidos, descobriu que os casais felizes haviam namorado durante 25 meses, ao passo que os que haviam apressado a intimidade, devido a acontecimentos como ir morar juntos ou engravidar, não duraram tanto tempo. Por esse motivo, você nunca deve querer apressar o sexo ou exigir prematuramente um compromisso sério.

O exemplo do primeiro encontro fornece uma lição importante para as mulheres que estão com um homem há certo tempo e querem que ele continue no seu encalço, até conseguir que ele coloque uma aliança no dedo delas. Mesmo quando encontrarem um homem de quem gostem e estabelecerem uma relação com ele, vão com calma, meninas! Não tenham pressa! Vão curtindo serem galanteadas, para que ele as faça suas para sempre. Lembram aqueles dias do período pré-sexual em que vocês ficavam namorando abraçados, se beijando e trocando carícias por horas a fio? Então, depois que fizeram sexo, toda aquela beijação ficou para trás, deixando saudade. É importante curtir cada fase da relação, porque uma forma de fortalecer os laços entre vocês é criar recordações positivas juntos. Não cometa o erro de querer apressar a coisa até o "sim". É justamente esse prolongamento da caça que o encoraja a querer você para sempre ao seu lado.

Então, Kendra permanece no bar com suas amigas e deixa que Don regresse para casa sozinho. Ela sabe que, se ele estiver com intenções sérias, irá para cama pensando nela. Os hormônios positivos continuarão a percorrer seu corpo durante dias e ele vai se sentir mais inclinado a ligar para ela no dia seguinte, e no próximo também. Ela não está jogando com ele; simplesmente, está aplicando a técnica de encantar homens à formação químico-biológica dele. E também está agindo em consonância com o que as mulheres devem fazer: esperar até que *ela* mesma decida se gosta ou não do cara. Enquanto está tomando tempo para se decidir, ela permite que as reações químicas dele se desencadeiem e cumpram sua tarefa: elas vão se avolumando de forma tão intensa que, de repente, Don vai passar a enxergá-la como alguém que ele precisa ter para si, mesmo que isso signifique que tenha de se tornar monógamo (e suprimir seus instintos animais antimonogâmicos) para poder ficar com ela.

Esse procedimento deve ser repetido durante todo o tempo que o relacionamento durar. Você deve manter isso durante todo o tempo que passarem juntos. É essa constância interior que faz com que os homens continuem "caçando você" mesmo depois de terem convivido durante décadas.

Como fazê-lo pedi-la em casamento antes de passar a morar com ele

Vamos supor que o plano de Kendra tenha funcionado direitinho. Quando ela decide que Don se demonstrou digno de ser o seu parceiro, concorda em passar a noite na casa dele. O que segue é uma noite mágica, eletrizante só de ser lembrada. Depois de alguns meses de namoro, Don implora para que Kendra se mude para a casa dele. Vivem a 45 minutos de distância um do outro e o trajeto que têm de percorrer está matando a ambos. Kendra tem uma vida própria e uma carreira movimentada e, consequentemente, não tem conseguido passar tanto tempo quanto gostaria com Don. Assim, ele se dá conta de que realmente gosta dessa mulher e quer testar o potencial para funcionarem em longo prazo. Ele continua a rogar para que Kendra more com ele, e Kendra começa a conjecturar que um apartamento maior, com um gasto de aluguel menor e alguém para ajudar a lavar a louça não seria uma má ideia, afinal. Ela realmente se apaixonou por Don e chega à conclusão que, se vão levar a relação adiante, então chegou a hora de dar o próximo passo. Contudo, ela conhece o perigo de se juntar com um homem sem obter primeiro um símbolo do compromisso de se casarem — a saber, um anel de noivado.

No entanto, Kendra ainda não tem certeza se está pronta para ficar noiva e não quer apressar as coisas. Tampouco quer se ver numa situação em que todas as suas coisas vão parar na casa de Don, então eles brigam e ela fica sem-teto! (Ela conhece mulheres que passaram exatamente por um tremendo sufoco desse tipo.) Ela continua querendo apelar para o gene monogâmico dele e não quer estragar as coisas, porque está interessada nele como um futuro marido. Todavia, sabe que se for morar na casa dele sem que ele assuma um compromisso concreto com ela, ela correrá o risco de ficar sem nada. Assim, resolve seguir esta receita da encantadora de homens:

> ## ATENÇÃO! *O motivo para viverem separados até o casamento*
>
> Um estudo realizado na Universidade de Columbia demonstrou que realmente há menos probabilidades de alguém se casar com uma pessoa com quem já está morando, sendo que somente 26% das mulheres e meros 19% dos homens pesquisados casaram-se com a pessoa com quem viviam. Esse levantamento comprova que parceiros que moram juntos antes do casamento têm nove vezes mais probabilidades de se separarem que os casais que se casam primeiro.

1. Ela se distancia da situação (não indo com tanta frequência à casa dele e declinando docemente seus pedidos para ir morar com ele).
2. Verbaliza como se sente ou faz uma observação. Por exemplo, pode dizer coisas do tipo: "Querido, esse deslocamento toma muito tempo, mas vale a pena para ver você." Ou: "Com certeza eu vejo a gente morando junto algum dia. Porém, é importante para mim que esse arranjo não seja uma questão de con-

veniência, mas um compromisso. E talvez a gente não esteja pronto para isso agora."

3. Então, ela fecha a matraca. Não culpa ninguém por essa situação.

4. Ela deixa que ele resolva o problema, pedindo-a em casamento quando ele sentir que a hora chegou.

Entenda que ele também tem projetos e sentimentos!

Às vezes, as mulheres ficam tão preocupadas com os próprios projetos de vida que se esquecem de incluir os seus homens neles. Não causa surpresa que este fato constitua mais uma barreira para um compromisso sério. Tomemos, por exemplo, os relacionamentos de Michelle, de 28 anos, que nunca pareciam durar... e ela estava extremamente desconcertada, querendo saber o que causava esse fenômeno. Estava namorando Gary havia dois anos e constantemente contava a ele seus planos de se casar, ter filhos e se mudar para fora da cidade. Na realidade, ela colocou todas as suas cartas na mesa no instante em que conheceu Gary. Achava que estava simplesmente sendo honesta com ele sobre o que desejava, mas, agora, não consegue compreender por que ele parece estar se afastando cada vez mais dela. Quando fomos procuradas por Michelle para resolver sua mágoa por não estar casada, pedimos que ela nos descrevesse o que havia ocorrido antes de Gary esquivar-se do projeto de casamento dela.

Equipe encantadora de homens: Então, quando foi a primeira vez que você contou todos esses projetos para Gary?

Michelle: Oh, logo nas primeiras duas semanas. Não vou desperdiçar meu tempo com um homem que não compartilha meus objetivos. Meu relógio biológico está a mil. Por que eu deveria esperar?

Equipe encantadora de homens: Esperar? Você está querendo fazer o coitado enfartar! Está empurrando-o contra a parede. Ele se sente como se estivesse sendo condenado a ficar permanentemente preso. Por mais que ele a ame, homem nenhum quer isso! Em compensação, eles querem ter uma esposa amorosa com quem possam passar dias divertidos. Se você se encaixar nesse perfil de mulher, então adote a técnica de encantar homens para mostrar para ele que você é esse tipo de mulher!

Atendemos Gary e Michelle separadamente. Ele perguntou por que algumas mulheres parecem já estar com sua vida toda mapeada e exigem que os homens simplesmente se encaixem nela. Em vez de amante, melhor amigo e potencial marido e pai, ele sentia que estava mais para doador de esperma e caixa eletrônico.

"Parece até que elas não se importam com o homem em si", reclamou. "Hoje em dia, algumas mulheres simplesmente têm seu projeto pessoal e só precisam de um cara — qualquer um — para encaixar ali."

Mas a boa notícia para Michelle é que ela realmente estava apaixonada por Gary e, sendo assim, estava disposta a mudar alguma coisa. Suavizou-se e começou a ver nele uma pessoa com suas próprias esperanças, sonhos e medos, e não apenas um meio para ela atingir seus fins. Passou a se concentrar nos aspectos complementares entre eles, utilizou a técnica de encantar homens para plantar a sementinha da ideia de casamento e esperou que ela crescesse. Então, fechou a matraca, o que é de suma importância. Nunca mais voltou a acenar para o casamento, nem mencionou o relógio biológico. Em vez disso, pintou em palavras uma imagem serena de como a vida seria junto dela no futuro. E funcionou! Quanto mais Michelle mudava de comportamento, mais Gary se interessava.

Principais erros cometidos ao utilizar a técnica de encantar o gene monogâmico

Durante o processo de fazer com que ele se sinta confortável com a ideia de compromisso, muitas mulheres tendem a cair em certas armadilhas. Seguem algumas situações absolutamente negativas, a serem evitadas a todo custo.

Erro número um: ser carente demais

Se você tentar desesperadamente fazer com que seu homem assuma um compromisso, você vai virar (aos olhos dele) uma psicopata alucinada que está tentando podar o estilo de vida dele e aprisioná-lo. Um fluxo contínuo de telefonemas, torpedos, convites e saídas com o seu pessoal (bem como chiliques caso ele queira ver a turma dele) serão suficientes para fazê-lo se refugiar correndo no deserto, onde permanecerá solteiro por toda a eternidade. Ser carente significa ser exigente. Não seja esse tipo de mulher!

> **ATENÇÃO!** *Não desperdice seus recursos...*
> Sexo jamais garante qualquer compromisso e, mais importante ainda, jamais garante um anel de noivado. As mulheres precisam aprender a primeiro receber o que querem do homem e, somente então, decidir se querem dar a ele o que ele quer (e que normalmente se resume a prazer sexual). Embora possa parecer um tanto quanto antiquado, se você já tentou do outro jeito e não funcionou, o que tem a perder mantendo seus curingas sexuais e objetivos conjugais mais velados? Experimente mudar de tática da próxima vez. A partir de agora, receba primeiro o que quer do homem *antes* de dar a ele o que ele quer.

Erro número dois: fingir que você nunca vai querer um relacionamento estável

As mulheres modernas foram aconselhadas a não se comprometerem cedo demais e curtirem a vida de solteira. Todavia, algumas levaram esse mantra feminista exageradamente a sério. Em vez de ficar continuamente dando toques sobre o casamento ou forçar o namorado a ir comprar uma aliança, esse novo tipo de mulher *finge* que não quer se comprometer (jamais!) e nega veementemente que o que ela mais quer é desfilar até o altar ou ter filhos num futuro próximo. Mas, infelizmente, ela pode estar se relacionando com um cara que pensava em construir um futuro com ela. Antes que você se dê por isso, lá se foi ele, atrás de alguém capaz de considerar viver um relacionamento mais compromissado. Tentar ter mais fobia de compromisso do que o seu homem não funciona. Esse tipo de inversão lógica não leva cara algum a assumir um compromisso.

Erro número três:
tentar mudar o seu homem

Não há nada que funcione melhor para espantar um homem (além de convites para assistir *Legalmente loira* na Broadway) do que uma mulher que quer mudá-lo. Se você julgar, criticar, ridicularizar e desprezar a noção de moda dele, a recusa a passar gel no cabelo ou a quantidade de tempo que passa com os amigos, nós garantimos que você conseguirá incutir nele a fobia de compromisso, só para conseguir se afastar de você. Repetimos que isso não significa que seu homem nunca vá mudar — você pode lançar mão das técnicas de encantar homens para mostrar a ele como agradá-la. Não obstante, não há maneira de forçá-lo simplesmente porque você quer e fica pegando no pé. Isso não vai funcionar e, ainda por cima, vai afastá-lo ainda mais de você.

Erro número quatro:
sofrer da síndrome do "seja como eu"

Quando estão se relacionando com um homem, certas mulheres acreditam que ele deva se tornar exatamente como elas. Consequentemente, elas tentam transformá-lo numa pessoa que faz pilates, come tofu, adora filmes água com açúcar e não tem permissão para tomar cerveja, jogar futebol com os amigos ou — pasme — despir as outras mulheres com os olhos. Ser complementar numa relação significa que vocês têm de ser diferentes. Portanto, *vive la différence*! Deixe que ele seja ele mesmo para que você descubra quem ele é. Somente então você poderá saber se ele é o cara certo para você.

Utilize a técnica de encantar homens para levá-lo a pedi-la em casamento

Assim que você assentou as bases e se certificou de que está querendo se casar pelos motivos certos e dissipou os medos que seu homem nutria em torno do casamento, está na hora de começar a encantá-lo de modo mais específico para fazê-lo pedir sua mão. Quando você estiver segura de que chegou o momento certo, utilize os passos a seguir:

1. Faça uma sugestão ou observação sobre como você se sente: "Estou realmente entusiasmada com o meu futuro e acho que está na hora de começar uma nova fase na minha vida. Vou esperar mais X meses/semanas/dias (inserir prazo e nível de compromisso) antes de partir para outra."
2. Feche a matraca.
3. Distancie-se da situação.
4. Espere que ele resolva o problema.

Se a solução que ele apresentar para a sua observação lhe agradar, aceite. Caso contrário, esteja preparada para partir para outra. Simples assim. (Não estamos insinuando que seja *fácil* partir para outra, apenas que o processo é simples uma vez que você já decidiu o que quer da relação.)

ESTUDO DE CASO: ROSELLA E TOM

Rosella e Tom estavam num relacionamento estável há mais de seis anos. Conheceram-se na faculdade e, desde então, permaneceram juntos e fiéis. Moravam juntos num lindo apartamento bem de frente para a praia. O problema era que, naquele ano, eles haviam se distanciado um do outro e a relação ia simplesmente se arrastando. Em vez de repreender Tom por todas as coisas que fazia errado e enfatizar todas as vezes que ele a desagradava, Rosella simplesmente explicitou o que necessitava, dizendo: "Tom, sinto que chegamos num ponto da nossa relação em que ou aprofundamos nosso relacionamento e ficamos noivos ou então vou precisar me mudar daqui."

Embora superficialmente possa parecer que Rosella deu um ultimato, ela não estava afirmando que terminaria a relação. Estava simplesmente dando a conhecer suas necessidades para continuar no relacionamento. Então, fechou a matraca e deixou espaço e paz de espírito para Tom meditar sobre o assunto e entender melhor o nível de compromisso que ele queria com ela e com a relação. Rosella também se distanciou da situação, arrumou uma mala e foi se hospedar na casa de uma amiga. Nas duas semanas que se seguiram, Rosella deu entrada num apartamento. Então, comunicou gentilmente para Tom a data em que iria se mudar.

Claro que esse processo foi extremamente doloroso. Contudo, ela estava se comunicando com Tom usando uma linguagem meiga e carinhosa, mas que deixava em termos claros tudo que exigia dele para continuarem vivendo juntos. Dois dias antes da data em que ela iria sair de casa, Tom convidou Rosella para um passeio. Sentados diante do oceano Pacífico, ele extraiu um anel de sua mochila, ajoelhou-se e pediu Rosella em casamento. Ela respondeu: "Sim!" Hoje, estão casados há 12 anos e têm dois filhos adoráveis.

Rosella não pressupôs que Tom descobriria magicamente sozinho como ela se sentia. Tampouco esperava que ele tomasse sua decisão apressadamente e não se magoou com o fato de ele levar três semanas (embora extremamente dolorosas e repletas de lágrimas) para perceber que não queria perdê-la e se prontificar a fazer o que ela exigia dele. Os amigos de Tom sintetizam: "Em três semanas, ele se transformou num homem."

O preço oculto das ameaças e ultimatos

Homens e mulheres são levados a agir por dor ou por inspiração. Normalmente, as mulheres estabelecem ultimatos quando estão sofrendo tanto numa relação que acabam buscando se proteger, e então comunicam suas necessidades ao homem. Mas, nesse caso, em vez de vir embrulhado num pacote para encantar homens, trata-se de um ultimato para valer. Esse ultimato o leva a agir por dor e implica a exigência de ter de responder à queima-roupa, por assim dizer.

Quando um homem cede a um ultimato, há um preço oculto a ser pago: ressentimento profundo. Ao ser prensado contra a parede com um ultimato, ele se defronta com duas decisões dolorosas... ou faz o que você quer para continuar o relacionamento (estando ou não pronto para isso) ou terá de enfrentar a dor de perdê-la.

É claro que você pode conseguir fazer um homem assumir um compromisso dessa maneira. Mas por que faria isso se há uma forma melhor e mais fácil, que é incentivar o seu desejo inato de agradá-la?

Mantras da encantadora de homens

Capítulo 8

- Descubra que motivo leva seu homem a postergar o compromisso e, então, aborde a questão com suas ações e prove que ele está enganado. Adote a técnica de encantar homens, mostrando para ele que você não vai querer engessar seu estilo de vida, nem sua liberdade, e que não vai parar de fazer sexo com ele depois de vocês estarem compromissados.

- Sempre deixe o homem correr atrás de você — e não vice-versa. Desse modo, você vai capturar o coração dele por toda vida, e não apenas por alguns minutos.

- Não vá morar com um homem antes que ele a peça em casamento ou que, pelo menos, haja um compromisso firmado com uma aliança. Isso pode parecer antiquado, mas as estatísticas provam que o seu relacionamento tem menos chances de ser bem-sucedido a longo prazo se vocês forem morar juntos antes de casarem. Se você não tiver um lugar para viver, fique na casa de uma amiga ou um parente. Um relacionamento amoroso não tem como objetivo resolver a sua crise financeira.

- Nunca faça um ultimato para um homem se casar. Em vez disso, seja o tipo de mulher com quem ele quer desesperadamente se casar!

CAPÍTULO 9

O homem emocionalmente disponível

Adeus, Sr. Machão; olá, Sr. Generoso!

> *"Os homens esperam demais e fazem de menos."*
> — ALLEN TATE

> *"A técnica de encantar homens os ajuda a abrirem
> seus corações... e suas carteiras."*
> — DONNA E SAM

Lidando com um homem emocionalmente indisponível

Você já saiu com um homem emocionalmente indisponível? Você sabe, do tipo que entra em pânico só de você tentar abordar qualquer assunto que de longe possa parecer relacionado com o coração — e sai correndo para o campo de futebol mais próximo. Pois bem, acontece que esse cenário frustrante pode ser revertido — a técnica de encantar homens lhe abrirá o caminho!

Acabe com o medo que ele tem de ser inadequado

A insegurança é uma das maiores causas da indisponibilidade emocional. Os homens são mais inseguros do que se pensa. Na verdade, um de seus maiores medos masculino é de fracassar. Fracassar em questões de dinheiro, de carreira, na cama, com os filhos e aos olhos da esposa, do pai, dos colegas — a lista é interminável! Então, como se pode aliviar o medo de ele fracassar? Como inspirá-lo a se abrir, a deixar você entrar na sua vida e compartilhar seus problemas com você?

É assim que se faz: massageando o ego dele. Pois é, a chave para conquistar o coração dos homens não é o estômago, mas a autoestima. Estimule-a da forma correta, e ele a amará por isso mais do que você gosta de uma liquidação de sapatos a 50% do preço. Na realidade, sua habilidade em encantar o ego dele pode fazer toda diferença, transformando uma relação decente numa maravilhosa.

> ## ATENÇÃO! *O ego tem importância*
> A situação seguinte acontece o tempo todo: homens com esposas ou namoradas bonitas e talentosas, que as traem com mulheres em quem a maioria dos homens não encostaria sequer um dedo. Por que isso acontece? Essas mulheres estimulam o ego deles. Elas sabem fazer um homem se sentir especial e necessário. Elas vão massageando o amor-próprio deles, fazendo-os se sentirem a pessoa mais importante no mundo. Não deixe seu homem sair por aí atrás desse tipo de mulher! Encante-o diariamente, dizendo-lhe o quanto ele é especial e importante para você e sua família. Isso também fará bem a você, pois a levará a apreciar as qualidades dele, e tudo o que é apreciado se desenvolve.

Formas rápidas de encantar o ego dele

Agora que você está ciente de que parte da indisponibilidade emocional dele se deve ao medo de ser inadequado, você pode combater esses medos fazendo-lhe elogios frequentes e sinceros. Se você realmente não conseguir encontrar nada para elogiar, o que diabos está fazendo com ele, então? Em segundo lugar, não finja. A falta de sinceridade não vai lhe trazer vantagem alguma. Encantar homens não significa manipular ou incentivar um cara com falsidades. Trata-se de ser genuína e fazer sobressair as melhores qualidades do seu homem — que já existem e só precisam de um pouco de polimento. Segue uma lista de elogios que vão atingir diretamente a raiz dos problemas comuns dos homens:

- **O corpo dele:** diga que ele tem braços maravilhosos, um belo peitoral ou que adora seu peito cabeludo. Concentre-se em algo de que ele tenha orgulho, ou que você ache irresistivelmente sensual.
- **As aptidões dele:** independentemente de se tratar do jeito que ele assa aquele pernil de cordeiro, de sua capacidade de consertar o computador ou de sua tenacidade para jogar golfe — diga-lhe o quanto você admira essa habilidade. (Especialmente se for uma atividade que beneficie você — porque ele vai querer fazer isso mais vezes!)
- **A personalidade dele:** ele sempre liga para a mãe? É gentil com estranhos? Carinhoso com bebês? É leal com os amigos? É importante reparar em todos esses traços da personalidade dele. Comece a procurar os aspectos positivos na personalidade do seu homem e ressalte-os.
- **O ponto forte dele:** não importa qual seja sua principal qualidade na vida — ser sempre pontual ou a paixão que dedica à prática de exercícios físicos e à alimentação saudável — faça com que ele saiba que você a aprecia e que isso estimula você.

- **Suas proezas sexuais:** Nunca diga que outra pessoa foi melhor na cama ou que você simulou um orgasmo. Se você considera que ele não a satisfaz na cama, pule para o Capítulo 12. Mas se você achar que a atuação dele entre os lençóis é digna de um profissional experiente, então, diga isso a ele. Volte a afirmá-lo no dia seguinte, num e-mail safadinho ou numa mensagem de texto. Ou, melhor ainda, aproveite o almoço ou o jantar, ou sussurre no ouvido dele quando estiverem num restaurante.
- **Os hobbies dele:** incentive qualquer paixão que ele tenha, seja por carros esportivos, guitarras ou até colecionar selos. Tranquilize-o de que você não vai tirar dele seus tesouros.
- **Os, hmmm, dotes físicos dele:** elogie-o diante das suas amigas ou dos amigos dele, da forma mais sutil possível. Você não quer deixá-lo constrangido, mas sim orgulhoso.

> "Minha namorada disse uma vez que eu era bem-dotado na frente das amigas dela. Embora eu tenha ficado vermelho, adorei-a secretamente por esse comentário."
> — SIMON, 29 ANOS, WEB DESIGNER

Estimular o ego dele assim a ajudará a fazer com que ele se sinta à vontade o bastante para se abrir emocionalmente com você.

ESTUDO DE CASO: MARIE E TIM

Marie, advogada de sucesso, descreve o dia que passou na praia com seu namorado, Tim, que havia programado um acampamento cheio de surpresas para ela e todos os amigos dela. No fim do dia, na hora de ir embora, ele arrumou tudo e subiu uns oitocentos metros de trilha até o carro, carregando altas pilhas de todo tipo de cadeira de praia, toalhas e um cooler. Enquanto caminhavam, uma das amigas de Marie perguntou horrorizada:

— Você não vai ajudá-lo?

Levantando uma insignificante sacola de supermercado repleta de sobras de batatas-fritas, Marie replicou:

— Claro que sim! Tim pediu para carregar isso para ele.

Com uma expressão de choque estampada no rosto, a amiga correu para ajudar o namorado de Marie, mas esta a impediu.

— Escute, ele se sente bem carregando peso. É ele quem quer assim. Ele gosta disso. Realça a noção de masculinidade dele e estimula seu ego.

A amiga de Marie sacudiu a cabeça, incrédula. Não conseguia superar o fato de Marie não querer ser igual a ele e carregar "sua parte". Todavia, Marie compreendia que arrastar todo aquele material de praia pesado fazia seu homem se sentir como um herói para ela. E Marie não via a hora de fazer uma boa massagem nos músculos do seu grandalhão, recompensando-o por todo o esforço pesado que fizera o dia inteiro. Em vez de carregar a "sua parte", Marie aplicava a mágica da complementaridade com o seu homem. Desse modo, ela deixava que ele fosse o herói por um dia e, consequentemente, podia recompensá-lo com elogios e atenção.

Encoraje-o a baixar a guarda

Embora estimular o ego de um homem seja relativamente simples (basta dizer-lhe como foi bom na cama na noite anterior e ele ficará radiante por dias a fio!), fazer com que ele expresse seus sentimentos é outra história. É mais fácil uma vaca miar do que um homem baixar voluntariamente a guarda e se abrir, quando se trata de seus pensamentos íntimos. A palavra "sentimento" não existe no vocabulário masculino. Ou, pelo menos, eles fingem que não existe.

Se você perguntar ao seu homem como ele está se sentindo no fim de uma semana difícil, ele responderá sucintamente que está ótimo, mesmo que você saiba que está triste, acabou de perder o emprego ou brigou com o melhor amigo. Lembre-se de que nós, mulheres, queremos falar sobre nossos problemas. E falar, e falar mais um pouco... Mas os homens estão programados de forma diferente. Não querem saber de conversar. Querem deixar a poeira assentar. E, quando estão zangados, querem dar vazão à testosterona que ferve nas suas veias de outra forma.

Quando você sentir que há algo de errado com o seu homem, deixe que ele esfrie a cabeça primeiro. Não exija que ele fale sobre isso *já*. Mostre a ele que está preocupada e à disposição para conversar quando e se ele quiser, e mude de assunto. Dê uma olhada nos dois exemplos de comunicação a seguir:

Sem a técnica de encantar homens:

Ela: Como foi sua reunião de trabalho?

Ele: Uma bosta.

Ela: Por quê? O que foi que aconteceu? Você perdeu a conta?

Ele: Foi uma bosta e pronto, está bem? Dá para me deixar um pouco em paz?

Com a técnica de encantar homens:

Ela: Como foi sua reunião de trabalho?

Ele: Uma bosta.

Ela: Ah, sinto muito, querido.

Então, dê-lhe um abraço apertado, diga algo sucinto e doce como "te amo" e... feche a matraca. Talvez até seja o caso de sair da sala ou da casa. A maioria dos homens precisa esfriar a cabeça antes de poder pensar em se abrir sobre alguma coisa. E não querem que estejamos por perto quando desferirem um soco na parede ou chutarem um pneu. Espere. Mais tarde, você saberá de toda história.

Aqui vai outro exemplo:

Sem a técnica de encantar homens:

Ele: Não posso te ajudar com isso hoje.

Ela: Por que não? Você disse que ia me ajudar. O que há de errado? Fala.

Ele: Eu só não posso!

Com a técnica de encantar homens

Ele: Não posso te ajudar com isso hoje.

Ela: Hmmm. Está bem. Qual seria o melhor dia para eu lhe pedir ajuda?

OU:

Ela: Que dia fica melhor para você?

OU, ainda:

Ela: Você me avisa quando der para você?

Normalmente, quando uma mulher pede que um homem discuta seus sentimentos ou se abra sobre um problema, ele imediatamente parte para a defensiva. Em vez de perguntar "por que" ele se sente de determinada maneira (o que jamais é uma boa ideia) ou repreendê-lo por não querer se abrir, aborde a situação de outra maneira. Como por exemplo:

Com a técnica de encantar homens:

Ele: Não quero falar sobre isso.

Ela: Tudo bem. Quando quiser, estou aqui. Te amo, querido.

OU:

Ela: Tem alguma coisa que eu possa fazer — marcar uma massagem, preparar um queijo quente ou sair para caminhar com você até esfriar a cabeça?

Essas técnicas de comunicação de encantadora de homens demonstram compaixão, embora também deixem bastante espaço para o homem lidar com suas emoções do jeito que ele achar melhor. A decisão dele pode não ser a mais confortável para você — afinal, a mulher que há em você quer ouvir cada pormenor e analisá-lo —, mas a questão não gira em torno de você. E o seu homem deve resolver o problema dele do jeito que desejar.

Usando a técnica de encantadora de homens para conseguir fazer seu homem se abrir

Depois de ter deixado claro que está preocupada com o problema dele e ter lhe dado bastante tempo e espaço para lidar com isso, está na hora de dar o próximo passo para encorajá-lo a se abrir mais com você. Lembre-se, jamais pergunte como ele se sente — antes, peça a ele para lhe contar os acontecimentos quando estiver pronto para isso. Você poderá deduzir o que ele sente pelo tom de voz e o vocabulário que ele usar para descrever o que aconteceu. E se você precisar de maiores explicações, vá em frente e pergunte direto: "Isso fez você se sentir (insira o sentimento)?" Isso o deixa diante da possibilidade de concordar ou não, reduzindo a questão a uma resposta de sim ou não, a qual você pode analisar para tentar compreender melhor. A seguir, fornecemos algumas diretrizes para encorajá-lo a compartilhar algumas de suas emoções com você.

Regra 1: *Timing* é tudo

Espere pelo momento certo para abordar o assunto. Nenhum homem vai se abrir com você exatamente na hora que você quer. Você pode apostar seus escarpins de marca que ele não vai ficar se comiserando ou se abrindo para você quando sua atenção estiver focada em outra coisa — como quando o jogo estiver rolando ou quando ele estiver numa roda de pôquer on-line. Em vez disso, aborde o assunto com ele num ambiente distante de qualquer grande fonte de distração. Antes de se atirar, negocie o tempo dele e espere até que ele se concentre em você.

ESTUDO DE CASO: NANCY E JOEL

O pai de Joel havia acabado de falecer, mas, embora seus olhos lacrimejassem ocasionalmente, ele mantinha um silêncio obstinado. Não dissera uma palavra sobre esse assunto para a sua mulher, Nancy, mas era claro que estava sofrendo. Nancy deixou que ele agisse à sua maneira durante alguns dias, sabendo que precisava de tempo para lidar com suas emoções.

Mas, no terceiro dia, ela preparou o jantar predileto dele. Servindo-lhe uma taça de vinho, comentou:

— Joel, você se incomoda se eu perguntar como você está? Parece tão triste. Estou aqui para você, querido.

Para Joel, foi como se ela tivesse extraído o tampão de uma represa emocional. Mesmo assim, ele não disse muito, mas confessou estar tendo problemas para lidar com a perda. Então, Nancy sentou em seu colo e lhe fez um carinho, enquanto as lágrimas de Joel corriam silenciosamente. Às vezes, utilizar a técnica de encantar homens com o seu parceiro tem mais a ver com reconfortá-lo do que falar.

Regra 2: Escute!

Quando você está falando, não está ouvindo. Essa é a parte mais difícil de colocar em prática, mas se você ficar interrompendo, ele provavelmente vai se retrair naquela infame caverna masculina para meditar e formular o pensamento. Esse tipo de liberdade assegura-lhe que, quando abrir a boca, ele não será julgado ou interrompido. Então, quando ele finalmente decidir se abrir, preste atenção. Este não é o momento certo para fazer quinhentas coisas simultaneamente. Desligue o celular, feche o jornal, pare de navegar pela internet. Quando o silêncio se estabelecer na conversa, não se precipite para preenchê-lo com palavras e mais palavras. É no silêncio que ele processa seus pensamentos — então, deixe-o quieto.

Regra 3: Não o agrida

Se você lhe pediu gentilmente para terem uma conversa e negociou seu tempo e ele finalmente está se abrindo, você criou uma zona de não agressão maravilhosa para ele! Você realizou todo esse trabalho para estabelecer essa zona; portanto, não é o momento de começar a esbravejar que, dessa vez, ele *realmente* pisou na bola. Comece evidenciando todas as coisas que ele acertou. Então, tente utilizar afirmações abertas, do tipo "O que você acha de...". Evite iniciar as frases com "Por que você nunca..." e não o compare com o marido da sua melhor amiga ou com o vizinho. Ele se retrairia emocionalmente e jamais voltaria a se abrir, julgando que, caso o fizesse, seria punido por você.

Regra 4: Não o julgue

A situação que está vivendo não é um episódio de um seriado sobre advogados. Mesmo que você saiba que ele agiu de maneira completamente errada, feche a matraca inicialmente e espere que ele lhe peça seus conselhos. Se ele contar sobre uma briga no trabalho ou um arrancarabo com um dos membros da família dele, o seu homem está finalmente baixando a guarda com você, portanto, não se apresse a julgar o pobre rapaz! Do contrário, ele provavelmente nunca mais vai querer se abrir com você.

Espere que ele conclua e, então, pergunte-lhe por que ele achou que seria uma boa ideia se comportar daquela forma ou o que ele acha que conseguiu provar com isso. Quando as pessoas erram, acabam normalmente chegando elas mesmas à conclusão de que se equivocaram. Você não precisa ser a pessoa que o fará engolir esse sapo. Não é assim que a técnica de encantar homens funciona.

Regra 5: Abra-se para ele para que ele se abra com você

Conte-lhe algo pessoal seu. Se você souber que ele teve uma infância difícil e que tem problemas para falar sobre isso, conte algo sobre a sua própria infância. Faça com que ele perceba que não é o único a ter uma família complicada, colegas babacas ou vergonha de sua época de adolescência. E faça com que ele sinta que pode confiar em você porque vocês estão no mesmo barco, e que não o julgará pelo que ele está prestes a lhe revelar.

Regra 6: Lembre a ele que vocês não precisam ser sempre perfeitos

Estabeleça como regra que, na relação de vocês, não há problema em falhar. Quando falharem em alguma coisa, poderão admitir isso ou até que ficaram desapontados com a conduta que vocês mesmos adotaram. Faça com que não haja problema em não se mostrar perfeito. Dessa maneira, ele não se sentirá pressionado a sempre mostrar o seu lado bom na sua presença; em vez disso, ele se sentirá encorajado a admitir que está errado, em vez de tentar provar constantemente que estava certo.

Regra 7: Distancie-se

O poder de fechar a matraca lhe será muito útil no processo de fazer o seu homem se abrir. Muitas mulheres perguntam sem cessar: "O que está te incomodando?", "Por que não podemos falar sobre isso?" e "O que há de errado com você?" Enquanto isso, os homens se queixam de que, se suas mulheres parassem um instante de fazer perguntas, eles poderiam realmente ter a oportunidade de processar o assunto e, então, compartilhar seus pensamentos.

Regra 8: Não apresente solução alguma antes que ele lhe peça conselhos

Lembre-se que o homem acha que é ele quem resolve as coisas. Ele precisa ser aquele que processa a informação e inventa uma solução, e é preciso que ela seja uma ideia brilhante *dele*. Ele necessita pensar sobre o que vai fazer a respeito do problema. No momento em que você passa por cima do seu instinto, ele passa a pensar que você não confia mais nele. Esse é o motivo pelo qual devemos adotar a técnica de encantar homens para sugerir as soluções para eles: para que eles possam reivindicar sua autoria.

Regra 9: Uma dose de carinho leva você longe

Se ele teve um dia difícil no trabalho ou não quer se abrir com você sobre assunto algum, aceite essa decisão e faça com que ele simplesmente saiba que, caso precise de ajuda, você está lá para apoiá-lo. Mostre carinho, dando coisas que ele adora: comida, abraços, um elogio, além de amor e afeto. Então, deixe-o sozinho. A cada duas ou três horas, dê uma passadinha no quarto só para que ele se lembre da sua presença e da sua disponibilidade para ouvi-lo, porém mantenha-se ocupada cuidando da própria vida. Espere até ele procurá-la.

ATENÇÃO! *Não economize elogios*

Conhecemos muitas mulheres que frequentemente se queixam que seus homens nem reparam quando elas aparecem com um novo penteado ou sapatos de grife. Mas você sabia que, segundo um artigo publicado no Yahoo.com por David Zinczenko, editor chefe da revista *Men's Health*, quase 70% dos homens afirmam que gostariam de receber mais elogios das suas parceiras? Então, em vez de você reclamar que seu homem não a elogia o bastante, procure economizar sua energia e teça-lhe alguns elogios.

Como direcionar a técnica de encantar homens para a carteira e o tempo dele

Conforme mencionamos anteriormente, os homens acham que estão comprometendo seu dinheiro ao assumirem uma relação exclusiva com você. E, claro, você será a pessoa com quem ele passará a maior parte do tempo. Essas duas coisas podem deixá-lo pouco à vontade, levando-o a adotar atitudes defensivas e a se fechar de vez. Apresentamos a seguir algumas táticas para fazê-lo se abrir.

Faça-o abrir a carteira

Uma amiga nossa comentou uma vez: "Se o meu marido abrisse a carteira, sairiam traças dela." Se o seu homem é um caso assim, você pode ficar frustrada toda vez que chegar a hora de pagar por alguma coisa.

É evidente que, no mundo de hoje, as mulheres são praticamente iguais aos homens em termos de números no mercado de trabalho. E os homens se tornaram extremamente mesquinhos com o dinheiro deles — o que não é algo positivo. Assim, em vez de pagarem quando comerem fora (mesmo quando foram eles que nos convidaram!) ou oferecerem uma gorjeta para o motorista de táxi, diversos deles esperam que a mulher o faça. Resultado: muitas mulheres se sentem ultrajadas. Os homens estão mais confusos do que nunca e não é inteiramente culpa deles. Embora algumas mulheres acreditem que, como podem comprar seus próprios anéis de brilhantes, também podem pagar a conta do jantar, elas ainda querem que o homem do seu coração seja cavalheiro. O problema é que os homens simplesmente acham que, como as mulheres estão ganhando dinheiro (por vezes, mais do que eles, até), elas deveriam assumir o ônus de pagar sua parte das despesas.

> "O primeiro presente que o meu namorado me deu foi um perfume bem barato. Mas, depois que o elogiei e mostrei todo o meu apreço, dei umas dicas do que eu realmente gosto e seus presentes se tornaram bem melhores."
>
> — JANICE, 28 ANOS, ANALISTA FINANCEIRA

Todavia, a técnica de encantar homens está inteiramente voltada para a felicidade. E a maior parte das mulheres fica mais feliz quando os homens se mostram generosos com elas, pois consideram isso um sinal claro de que eles estão gostando da sua companhia. Não estamos falando em gastar uma quantia de dinheiro absurda. Mesmo que seja uma pessoa totalmente desprovida de recursos, trata-se de ele economizar alguns trocados para levá-la à lanchonete preferida e, depois, para um lugar com uma bonita vista para o mar para curtirem a refeição juntos. Romântico e delicado? Sim. Caro? Nem um pouco. Quando afirmamos que os homens precisam ser generosos, não estamos dizendo que eles tenham que gastar rios de dinheiro. Reivindicamos que eles sejam generosos com o dinheiro num nível apropriado.

Recentemente, a atriz Jessica Alba, famosa em Hollywood, teceu a seguinte reflexão: "Os caras devem tratar as mulheres com respeito. Continuo feminina e elegante, mas, infelizmente, muitos homens perderam a noção de cavalheirismo. Eu gosto que o homem abra a porta e se ofereça para pagar a conta. Isso não significa absolutamente que eu precise que ele pague as coisas ou me diga o que eu devo ou não fazer. Eu não gostaria disso. Vou ter filhos e ser esposa, mas também vou trabalhar." Então, como manter a carteira de dinheiro dele aberta? Siga os passos seguintes:

- Mostre apreço, inclusive de antemão.
- Mencione as ocasiões em que ele foi muito generoso e seja carinhosa com ele ao falar disso.
- Diga-lhe como é agradável para você quando ele assume a despesa — que faz você sentir que ele está cuidando de você. Por exemplo: "Muito obrigada por me trazer para um jantar tão maravilhoso... você faz eu me sentir tão amparada!"
- Repare nos detalhes quando ele compra algo para você (e não troque, mesmo que não goste da cor).

Uma boa jogada é transmitir uma primeira impressão de que sua vida é empolgante e divertida, e que o seu homem gostaria de participar dela. Então, mantenha essa imagem. Você é uma pessoa badalada que frequenta restaurantes sensacionais, *vernissages* e festas maravilhosas. Quando ele perceber que você é uma mulher desse tipo, vai correr atrás para acompanhar seu ritmo! E ficará tão entusiasmado com isso que até vai pôr a mão na carteira (ou economizará seus ganhos semanais) para poder convidá-la para sair. Simples assim. E quanto mais você apreciar o que ele lhe der, tanto mais ele lhe dará. Só tome cuidado para não exagerar nos itens de grife, para não ficar parecendo um outdoor. Entrevistamos homens que declararam que, quando percebem um guarda-roupa constituído inteiramente de marcas como Louis Vuitton, Chanel, Prada, Gucci ou Pucci, ficam com medo de que você os levará imediatamente à falência. Suas amigas podem achar isso atraente, mas ele não. Lembre-se, mostre moderação em tudo. Ademais, os homens não se apaixonam por uma mulher porque está carregada de diamantes. Apaixonam-se por quem você é e como os faz se sentir.

> "Quando meu marido era jovem, ganhava alguns dólares por hora trabalhando num canteiro de obras — e gastava todo o dinheiro comigo!"
> — CINDY, 29 ANOS, NUTRICIONISTA

Cherry Norris, especialista em namoro e relacionamento e fundadora do bem-sucedido seminário sobre namoro "Como encontrar e casar com seu homem", em Los Angeles, lembra que o fato de ser rico não significa que o homem será generoso. Na realidade, se você já teve alguns namorados, sabe até bem demais que alguns dos homens mais ricos também são os mais sovinas. Do tipo que pedem para você rachar a conta e ainda querem fazer sexo depois. Que pedem para você pagar pelo manobrista e, depois, para dividir a conta dos drinques. Um homem verdadeiramente generoso simplesmente assume a despesa (caso tenha convidado!). E tudo o que ele quer para lhe dar muito mais é que você aprecie sua generosidade.

ESTUDO DE CASO: LANA E SIMON

Quando a esteticista Lana foi convidada para sair com o banqueiro Simon, foram para um dos restaurantes mais caros de Nova York (decisão dele; convite dele). Quando a conta chegou, porém, ele se deixou ficar sentado de braços cruzados. Felizmente, Lana era dona do próprio negócio e ganhava uma grana preta. Assim, ela resolveu colocar na mesa o dinheiro que correspondia à sua parte. Afinal, a relação ainda estava no início e ela não queria parecer aproveitadora. Contudo, ele sequer acenou o gesto de coçar a carteira e, então, ela colocou o valor integral na mesa e foi correndo para o banheiro, de onde ligou pedindo para uma amiga ir buscá-la.

Lana estava revoltada. Simon havia escolhido o horário, a data e o restaurante. E nem se coçou para pagar a conta? Evidentemente, na etapa inicial da relação com um homem, você está sempre sujeita a correr esse risco. Vocês ainda estão se conhecendo. Mas, em vez de errar ao fugir da situação e oferecer a ele uma refeição grátis, Lana poderia ter usado a técnica de encantar homens pelo menos para dar uma melhorada na situação. Poderia ter usado algumas frases do tipo:

Pedir seu conselho: "E aí, como fazemos com a conta?"

Expor um problema: "Desculpe, eu não trouxe o cartão de crédito e estou com pouco dinheiro. Como você quer pagar a conta?"

Mostrar apreço: "Obrigada por ter me trazido para um restaurante tão maravilhoso. Eu realmente adorei cada minuto e a comida estava deliciosa."

Mostrar descrença: Caso Simon pedisse para "dar uma força" com a conta ou sugerisse uma solução que não parecesse correta, ela poderia ter se saído de maneira eficaz, mostrando total descrença: "É brincadeira, né?" Normalmente, isso coloca o menino disfarçado de homem nos eixos, e ele então resolve a situação e abre a carteira de uma vez por todas.

Consiga fazê-lo passar mais tempo com você

Embora isso possa parecer um contrassenso, quanto mais você se mantiver ocupada e curtindo a própria vida, tanto mais os homens vão querer passar tempo com você. Nunca implore para passar tempo com eles. Apenas diga o que sente — "Eu queria tanto comer uma boa comida mexicana hoje à noite; poderíamos tomar um pileque de *margaritas*" ou "Hoje o dia está ótimo para caminhar na praia" — e, depois, feche a matraca. Se o seu homem não pegar o espírito da coisa ou estiver "cansado demais" para acompanhá-la, você pode simplesmente comentar que irá com outras pessoas.

Mantras da encantadora de homens
Capítulo 9

- Os homens são tão inseguros quanto as mulheres — ou até mais!
- Afague o ego dele de modo sincero e verdadeiro.
- Encoraje-o a baixar a guarda ao não exigir que ele expresse seus sentimentos ou que fale sobre algo imediatamente. Permita que ele se recolha na caverna masculina dele e converse quando estiver pronto para isso.
- *Timing* é tudo.
- Nunca ataque ou julgue o que ele diz. Ele finalmente está falando — deixe que fale, então!
- Não é fácil fazer um homem se tornar mais generoso — mas nada de pressioná-lo. Ele abrirá a carteira de dinheiro em sinal de apreço — e não quando você exigir que o faça.
- Os homens vão querer passar mais tempo com você quando parecer que você está se divertindo bastante... e eles querem participar disso desesperadamente!

CAPÍTULO 10

Jovem de espírito

Como fazer as pazes com o menino dentro do homem

*"A única diferença entre homens e meninos é o preço
dos seus brinquedos."*
— AUTOR DESCONHECIDO

*"A técnica de encantar homens separa
os homens dos meninos."*
— DONNA E SAM

O que as mulheres querem

A maioria das mulheres quer se relacionar com homens e não com meninos. Embora muitos homens achem esse conceito um tanto quanto insultante ("O que é que tem se eu exercito os polegares o dia inteiro no Playstation, deixo a tampa da privada levantada, como macarrão instantâneo e quero rodar o mundo em vez de sossegar o facho com uma mulher?", maravilham-se eles), o desejo feminino por homens maduros é universal. Na verdade, é bastante normal. Quem quer se relacionar com um maconheiro desempregado aos 35 anos, que passa o dia inteiro jogando videogame no seu Nintendo e, além de não ter um tostão furado, precisa de alguém que tome conta dele? Apesar de esse ser um exemplo extremo, o xis da questão é que mesmo os homens mais viris ainda se comportam como garotos... às vezes, nos piores momentos possíveis, quando você mais precisa deles. Então, como conseguir fazer seu homem crescer?

O que os homens querem

Embora você considere o comportamento pueril dele irritante, constrangedor e infantil, na visão dele, trata-se de uma parte inata e inócua de sua personalidade. Se você reclamar disso, ele vai pensar: "Ela não deixa eu me divertir!", "Ela só tenta me controlar!" ou, pior ainda: "Que pentelha!" Eles acham que as mulheres agem como pessoas malvadas que tiram doces de criança.

O fato é que, lá no fundo do coração, todos os homens são meninos. Todos eles amam brinquedinhos novinhos em folha, jogos de videogame, equipamentos eletrônicos e sair à noite com a galera — e eles não vão querer abrir mão disso por nada, nem mesmo pelo melhor sexo do mundo. (Ou, pelo menos, não por muito tempo.) Os homens certamente não querem que as mulheres os proíbam de curtir suas vidas. Ao encantar seu homem, contudo, você consegue manter um equilíbrio entre deixá-lo se manter jovem de espírito e evitar uma crise de meia-idade, sem que ele se esquive de suas responsabilidades e sem sabotar a relação de vocês.

ESTUDO DE CASO: RACHEL E FRED

Rachel, notável escritora freelancer de 32 anos, descreve como conseguiu fazer seu homem crescer usando a técnica de encantar homens:

"Tenho dois filhos, e tomar conta deles o dia inteiro pode ser enlouquecedor. Meu marido, Fred, costumava chegar do trabalho, colocar os pés para cima e dizer que precisava ficar um pouco quieto. Sei que o trabalho dele no banco é estressante, mas dar conta de uma casa com duas crianças de menos de 5 anos também é! Cansei de ficar resmungando para fazê-lo tomar alguma atitude.

Um dia, minha mãe adoeceu e precisou ser levada com urgência ao hospital. Eu tinha que escolher: levar as crianças e correr o risco de não chegar a tempo ou fazer Fred crescer e tomar uma atitude. Eu sabia que se ligasse para ele dizendo: 'Você nunca me ajuda e esta é uma das únicas vezes que eu peço algo e se você não fizer nada, vou ficar zangada com você para sempre, blá-blá-blá, ele ficaria imediatamente na defensiva. Então, em vez disso, expliquei a situação de forma calma e racional e, depois, sem sequer pedir sua ajuda, simplesmente parei de falar. E sabe do que mais? Ele chegou a uma conclusão brilhante por si só: declarou que ficaria feliz de sair do trabalho imediatamente, para tomar conta das crianças."

Não seja condescendente nem mime os homens

Não importa o quanto o comportamento dele a incomode, não o impeça de fazer o que quer. Contudo, você também não deve ser condescendente com ele. Com efeito, quanto mais as mulheres tratam seu homem como bebê, mais mimado ele fica. E homens mimados apresentam maior tendência a "pular a cerca". Por quê?

Para amadurecer psicologicamente, o homem tem de passar por um rito de passagem que consiste em "trair" sua mãe, abandonando-a e saindo para o mundo para crescer. Certas mães procuram declarar posse dos seus filhos e não os deixam livres para saírem e se tornarem homens. Quando as mães agem dessa maneira, o filho sente como se realmente a estivesse traindo ao ganhar o mundo contra a vontade dela. O homem pode tentar resolver seus sentimentos de culpa pela traição cometida trocando uma mãe por outra.

E adivinhe quem seria essa nova mãe? A namorada ou esposa — você, em suma. Se desempenhar esse papel para ele, só vai piorar a situação. Por que um homem tomaria suas próprias decisões se você está preparada a fazê-lo por ele? E por que um homem se aventuraria num lugar escuro e assustador para cumprir seu destino, se isso não fosse necessário? Se tudo já estiver sendo resolvido, não sobra espaço para o homem; e isso não o incentiva a se aventurar e fazer alguma coisa. Esse é exatamente o motivo pelo qual tantos homens com a síndrome de Peter Pan adoram mulheres maternais, que protegem seus sentimentos e os defendem daquele grande mundo mau lá fora. Portanto, se você estiver tratando o seu homem como filho (e mantendo-o menino!), a culpa é sua se ele ainda age de forma pueril!

Homens com síndrome de Peter Pan: Por mais que se esforce para ser homem no local de trabalho, esse tipo de cara jamais amadurece completamente em casa. Tende a depender financeiramente de mulheres, adora fazer coisas de garoto, como andar de bicicleta na lama ou jogar Playstation o fim de semana inteiro, ou sair com os amigos bem na noite em que vocês costumam namorar. Além disso, acha o sofá dele o lugar mais romântico do mundo. De forma geral, ele se recusa a assumir muitas responsabilidades em sua vida pessoal.

ESTUDO DE CASO: HOLLY

Como um exemplo a não ser seguido, vamos contar a história de Holly, uma corretora de imóveis muito bem-sucedida de 29 anos. No quesito homens, a autoestima de Holly estava um lixo. Ela julgava que os homens imaturos com quem se relacionava ficariam com ela desde que Holly fosse indulgente com seus passatempos pueris. Ela sempre os enchia de mimos — um Xbox como presente de Natal, viagens para a praia como presentes de aniversários e mais, sempre mais e mais.

Isso não a levou à falência (pois era realmente bem-sucedida!), porém tampouco os fez ficar. Na realidade, aconteceu a típica história da esponja. Todos os garotos imaturos com quem se relacionou absorviam tudo o que ela tinha e lhes oferecia, sem jamais retribuir nada, e viviam como se fossem solteiros, sempre à espreita. Ela levou muito tempo até compreender que merecia mais do que simplesmente ser usada, e até criar coragem para se separar deles. Fica aqui a lição de Holly: encorajar comportamentos pueris sendo condescendente não os leva a assumir compromissos, nem resulta em relações saudáveis de longo prazo.

As mulheres encantadoras de homens não se comprometem com garotos que não estão prontos

No hilário filme *Terapia do amor*, a personagem interpretada por Uma Thurman, Rafi Gardet, é uma bem-sucedida executiva de 37 anos vivendo em Manhattan, que conhece Dave Bloomberg, de 23 anos, lutando para se estabelecer como artista e que... ainda mora com os avós. O sexo entre eles é alucinante, a química é irresistível e os dois rapidamente se entregam à luxúria. Dave se muda para a rica casa de Rafi e continua a passar seus dias jogando videogame, trazendo os amigos para o apartamento dela e comendo toda a sua comida, enquanto ela trabalha duro. Depois de certo tempo, Rafi se dá conta de que Dave não passa de um garoto e que não vai crescer tão cedo. A expectativa que ele tem de ser tratado maternalmente por ela leva a relação a um impasse profundo e até a vida sexual do casal acaba por definhar rapidamente. (Lembre-se sempre: jamais compre videogames para um homem, a não ser que você queira acabar com a vida sexual de vocês!)

Não permita que isso aconteça. Em vez disso, capte os sinais de que o homem que está namorando é, na verdade, um garoto que não está prestes a crescer tão cedo. Confira a tabela mais adiante, onde são mostradas as diferenças de comportamento para você definir o tipo do seu homem.

É possível transformar um menino num homem?

Não. Vamos repetir: você não pode transformar um menino num homem. Claro, você *pode inspirar* um menino a escolher começar a agir como homem. Entretanto, você, por si só, não pode modificá-lo plenamente. O que pode fazer é desencorajar comportamentos pueris e recompensá-lo quando age como homem. Faça com que ele saiba que agrada você quando se esforça para isso. Teoricamente, isso o fará querer agradá-la mais ainda. Infelizmente, porém, ele (independentemente da idade que tiver!) tem de se transformar em homem por si mesmo.

Homem	Menino
Emite sinais claros	Espera que você tome a iniciativa
Diz o que quer	Espera que você adivinhe seus pensamentos
Decide local e hora dos programas do casal	Quer que você o entretenha
Assume o papel de provedor	Aceita com prazer seu dinheiro e presentes
Protege você	Exige que você proteja os sentimentos dele
Chama você para sair	Só quer passar o tempo
Serve você	Exige ser servido por você
Toma decisões para agradá-la	Quer agradar a si mesmo
É direto e honesto	Adota a política do "o que os olhos não veem, o coração não sente"
Age de acordo com sua palavra	Não respeita compromissos
Está comprometido com você	Está comprometido com o próprio prazer
Trabalha duro para ascender de status	Desfruta do status das mulheres
Oferece mais às mulheres do que apenas o seu pênis	Acha que o seu pênis é o melhor presente possível
Controla suas emoções	Deixa-se governar pelas emoções

Homem	Menino
Dá generosamente	Espera ser retribuído em maior proporção
É fiel a quem se comprometeu a proteger	É fiel aos seus testículos

Cinco passos para alçar um garoto ao status de homem por meio da técnica de encantar homens

Lembre-se de que a nossa técnica não modifica homem algum. Repita isso para si mesma três vezes ao dia! Ainda assim, certamente ela pode acelerar o processo para ele querer mudar. Siga os seguintes passos:

1. Pare de proteger os sentimentos dele. Com muita frequência, as mulheres pensam que, se protegerem o homem do assustador mundo lá fora ou não lhe disserem o que esperam do homem num relacionamento, ele vai ficar com elas. Mas não, ao contrário, esse é o modo para fazer um garoto continuar a agir como tal. Diga-lhe como se sente e deixe que ele lide com isso. Pois é, isso significa que ele pode optar por ir embora; porém, como ele não era capaz de suprir suas necessidades, vocês dois não faziam um bom par, de qualquer maneira. Quanto mais você o deixar lidar com a situação, tanto mais confiança ele adquirirá.

2. Feche a matraca e deixe que ele resolva a questão Certos homens necessitam de prática para tomar decisões e chegar a soluções.

3. Aprecie os passos que ele tomar no sentido de se tornar homem. Lentamente, você o verá assumir a liderança, fazer mais projetos para vocês, pagar pelos programas que ele planejar (sem esperar que você meta a mão na carteira), assumir mais responsabilidade na vida e no trabalho, acalentar maiores ambições e estabelecer objetivos mais elevados.

4. Seja paciente. Determine quanto tempo você está disposta a investir e esperar!

5. Estabeleça seus limites — não precisa esperar para sempre! Se você fixou um ultimato interior e o prazo já venceu, sinta-se à vontade para revelar esse prazo a ele. Afinal, uma vez que você tenha se retirado mentalmente da relação, sairá dela rapidinho. É melhor dizer isso a ele, dando-lhe a oportunidade de tomar uma providência, do que deixá-lo coçando a cabeça e se perguntando o que aconteceu!

Permita que o seu homem seja jovem de espírito

Homens maduros podem continuar jovens de espírito. Na verdade, essa é a situação ideal. Homens maduros podem ser divertidos, brincalhões e gostar de objetos novos e reluzentes, como carros velozes ou o último lançamento de tacos de golfe. O fato é que você deveria encorajar mais seu homem a se manter jovem de espírito. Afinal, isso o ajuda a reduzir o estresse e, consequentemente, a viver mais. E, claro, o nosso negócio é fazer com que nossos homens fiquem por aqui por muito tempo.

Ele é maduro o suficiente?

Embora você queira que o seu homem seja feliz e continue jovem de espírito, você precisa deixar claro para ele (e para si mesma) que não vai aceitar que um homem tire vantagem de você. Caso não tenha certeza de que o seu homem é suficientemente maduro para valer a pena investir seu tempo nele, pergunte-se:

- O que ele faz para agradá-la e cuidar de você?
- O que ele faz para tornar sua vida segura e confortável?
- Como ele está se esforçando para agradá-la?

Se apresentar respostas satisfatórias nesses três quesitos, ele é suficientemente maduro. Quando você tiver certeza de estar com um homem que demonstra maturidade durante a maior parte do tempo, poderá se sentir à vontade para lhe conceder um passe-livre de vez em quando, para que ele possa dar vazão ao menino que há dentro dele. Se você se sentir completa e estiver satisfeita com o seu homem, dificilmente vai se queixar quando ele pedir para ir acampar ou realizar qualquer outra aventura pueril. Há muitas vantagens em ele ter um garoto interior equilibrado. Em primeiro lugar, é esse aspecto que assegura a diversão! E isso vai ajudá-la a se sentir jovem de espírito também. Por outro lado, ele sabe quando é hora de se despedir do menino e voltar a agir como homem.

O homem maduro sabe quem é porque conseguiu apresentar soluções quando você o deixou tratar do "problema" (a técnica de encantar homens dá uma mãozinha para isso). Ele também vai mobilizar suas forças e habilidades para construir o melhor "reino" para sua esposa e filhos, e para todos aqueles a quem ele escolher servir e proteger. Os homens só conhecem a força que têm quando são obrigados a exercê-las.

Não o faça se sentir idiota

Os homens precisam saber que suas mulheres vão apoiá-los e ajudá-los a conservar os sonhos de seu menino interior. Ou, pelo menos, que escutarão em vez de vetar automaticamente seu projeto por ser "bobagem". Acreditem, esses sonhos são importantes, porque o que está em jogo não é propriamente o barco ou o trailer. Tampouco é o automóvel de corrida. Trata-se do sonho de infância não realizado. Além de sonhar ter uma lancha, um carro esportivo, ou seja lá o que for... ele sempre sonhou em ter uma bela mulher ao seu lado também — e essa mulher acabou sendo você! Entretanto, tudo o que ele ouve no seu sonho é uma mulher dizendo "Que coisa idiota". Ops!

Para trazer a diversão de volta ao relacionamento e manter o espírito jovem, é importante que vocês conversem sobre seus sonhos de infância.

Sempre há uma solução, ao mesmo tempo divertida e financeiramente responsável, para satisfazer o desejo menino interior de seu homem. Em vez de censurar os sonhos dele, trabalhe com ele para encontrar uma solução. Embora superficialmente os sonhos do menino interior possam parecer bobagens, frequentemente eles rejuvenescem o corpo, o espírito e o coração. Depois ele vai canalizar toda essa energia juvenil e revigorada de volta para a relação de vocês.

Tome cuidado com o ataque do garoto dentro do homem

Se você não deixar seu homem se soltar de modo mutuamente acertado, a coisa pode se virar contra você. Frequentemente, quando crescemos e a realidade dá as caras, nem sempre o que vemos é bonito. As contas se acumulam. É preciso lavar a roupa. Os chefes são uns desgraçados. O carro enguiça, o bebê vive com cólica e muito mais. Não obstante, a despeito de todo o estresse da vida moderna, é vital para a relação de vocês permitir que seu homem volte a ser um menino de vez em quando. Do contrário, prepare-se para o ataque do garoto dentro do homem! Quando chega a esse ponto, ele vai fazer o que quiser de qualquer maneira — mesmo sabendo que você não vai ficar nem um pouco feliz com isso. E ele vai fazê-lo tão somente porque seu desejo é tamanho que o faz aceitar correr o risco de você puni-lo.

ESTUDO DE CASO: LINDSAY E VINCE

Certo dia, um velho barco de pesca todo desengonçado apareceu de repente ao lado do gramado meticulosamente aparado de Lindsay.

— Que coisa... deve ser do vizinho — pensou.

Mas o barco permaneceu ali a semana inteira. Por fim, ela perguntou a Vince, seu marido:

— Querido, você sabe alguma coisa a respeito daquele barco todo enferrujado ali?

De repente, ele pareceu encurralado.

— Pois é... é nosso. Acabei de comprar para a gente.

Lindsay pirou e explodiu em sua ladainha de sempre.

— Como assim? Você nunca me disse que ia comprar um barco!

— Disse, sim. Você é que nunca ouve o que eu falo — retrucou Vince.

Quando Lindsay nos procurou, estava mais do que frustrada.

— Toda vez que ele faz alguma coisa que sabe que vou vetar, ele diz que me contou. Mas eu tenho certeza de que lembraria se ele tivesse dito que ia comprar uma porcaria de um barco.

— E se ele tivesse mesmo lhe contado sobre esse projeto? — Quisemos saber. — Você teria pelo menos considerado a hipótese?

— Não! Claro que não! — retorquiu ela.

É aí justamente que reside o problema. É evidente que Lindsay sequer cogitava aceitar o menino interior do marido. Talvez, se Vince se sentisse à vontade para falar sobre seu sonho de infância de ter um barco, os dois podiam ter colaborado para realizar esse sonho. Ele poderia ter se dado conta de que seria igualmente divertido alugar um barco por uma tarde em vez de comprar um e deixá-lo enferrujar na entrada da garagem, que, além de visualmente feio, ainda era fonte de grandes discussões conjugais.

Como evitar a crise da meia-idade

O homem entra na crise da meia-idade quando acorda um dia e percebe que não é o herói que sempre sonhou ser. Essa noção vai corroendo seu íntimo, até que ele tome uma atitude para se transformar no herói que imaginava ser.

Compreenda o descompasso dele

Embora ele aparentemente tenha tudo — uma casa fabulosa, dois carros, dois filhos que parecem anjos querubins de bochechas vermelhas, uma mulher carinhosa e sensual, um chefe compreensivo e um cachorro fiel — nada disso parece lhe trazer alguma alegria no meio da crise da meia-idade. Ele está alienado de si e do mundo que o cerca. E, pior ainda, ele agora é perigoso, porque ficou impulsivo e sensível.

Na medida em que se dissociou do valor daquilo que possui — não lhe dando valor algum — ele corre o risco de prejudicar sua própria vida e a de todas as pessoas de quem ele costumava gostar, a ponto de arruiná-las. Ele pode agir de forma temerária para tentar compensar o desassossego que sente no seu coração. Entretanto, o descompasso não é com o mundo material — trata-se de um descompasso com o próprio espírito, sua noção de si e a lacuna que percebe em si mesmo.

Encantando homens
para evitar o descompasso

Ao adotar a técnica de encantar homens, a mulher pode aliviar essas sensações de lacuna e desilusão, criando oportunidades para que seu homem se sinta seu herói mil vezes por dia. Um homem que se sente diariamente um herói provavelmente passará longe da crise da meia-idade. Você pode fazê-lo se sentir um herói em pequenas coisas, como elogiando sua gravata ou mandando um torpedo bonitinho quando ele estiver no trabalho. Ou, então, apresente ao seu homem um desafio que eliminará (ou pelo menos minimizará) o dilema do "Tenho tudo, e agora?". Ao mantê-lo ocupado com sua próxima aventura viril, você oferece uma resposta a essa questão, direcionando-a e enfocando-a de forma positiva.

Outra forma de fazê-lo passar longe da crise da meia-idade é ajudá-lo a realizar seus sonhos de infância. Se ele sempre sonhou em fazer rafting na Amazônia, encoraje-o a fazê-lo! Reserve tempo e arranje dinheiro para que ele vá. Se tiver coragem, vá com ele! Lembre-se que fazer algo de perigoso e com um tom de aventura juntos cria laços fortes. Colaborar com ele para realizar suas paixões é uma alternativa muito mais saudável a deixar seus sonhos não realizados corromperem sua mente.

Mantras da encantadora de homens
Capítulo 10

- Saiba que todos os homens são meninos no fundo, portanto, aceite este fato em vez de combatê-lo.
- Não seja condescendente com o seu homem — isso só estimula comportamento imaturo.
- Saiba que você jamais poderá transformar um garoto num homem — mas pode inspirá-lo a escolher agir de forma mais viril.
- Não o faça se sentir idiota — mesmo que ele aja dessa maneira!
- Ajude-o a evitar a crise da meia-idade fazendo-o se sentir um herói todos os dias.

PARTE 4

Encante-o para obter excelente sexo e uma atração duradoura

CAPÍTULO 11

Arrumando seu homem

Chega de camisas amarrotadas, pneus e peitinhos!

"Percebi que, quando o assunto é se vestir, os homens são um pouco mais importantes do que a bolsa, mas menos importantes que os sapatos. Seja como for, somos meramente acessórios."
— ASHTON KUTCHER, PARA A HARPER'S BAZAAR

"Quando um homem parece bem-sucedido, julgamos que ele o seja."
— DONNA E SAM

O que você pode mudar... e o que não pode

Meninas, entendemos que vocês querem arrumar seus homens, deixá-los com um visual mais asseado e no máximo da forma. Afinal, se você está tendo todo esse trabalho de encantar homens para polir a relação, você também vai querer que ele fique bonito.

Não estamos dizendo que ele precise ficar com o tanquinho do Matthew McCornaughey ou adotar o corte de cabelo do Zac Efron. Mas se você realmente não suporta ver as costas cabeludas do seu homem ou aqueles moletons amarrotados que mais parecem pijamas (ou a mania que ele tem de usar aqueles tênis brancos horrorosos) e gostaria de que, ao menos uma vez, ele vestisse aquelas camisas polo que lhe custaram uma pequena fortuna, o presente capítulo tem alguns truques da técnica de encantar homens que podem ajudá-la a virar essa situação.

Claro que todo homem poderia ficar mais bonito com um toque feminino. Mas antes de começar a usar a nossa técnica para resolver essa questão... admita: seu homem não é nenhum boneco Ken, o namorado da Barbie. Tampouco vai se espelhar em você. Ele é um *macho*. Com pelos em lugares desagradáveis e uma barba que arranha. E, muito provavelmente, uma pancinha de cerveja. Aceite e pronto. Ame-o pelo que ele é, e como ele é. Você espera a mesma coisa dele, não? Por outro lado, a atração química desempenha imenso papel nos relacionamentos amorosos. Se você realmente achar que alguma coisa precisa ser aparada em prol da saúde física ou mental dele, ou da sua, ou a saúde sexual de ambos, prossiga na leitura.

Melhore o guarda-roupa dele

Você conhece o velho ditado "O hábito faz o monge"? Nós, mulheres, costumamos levar esse provérbio extremamente a sério. Assim, pegamos no pé do homem (embora gentilmente!) para que ele se vista melhor. Você o manda engraxar os sapatos, usar calças jeans mais na moda e jogar fora aqueles moletons molambentos. Claro que uma camisa amarfanhada é tão atraente quanto um cachorro molhado — aos seus olhos. Mas *ele*, por outro lado, não entende qual é o grande problema. Afinal, você o conheceu desse jeito, apaixonou-se por ele desse jeito e fez sexo com ele desse jeito.

Então, por que você de repente cismou que ele deve mudar? Por que está tão desesperada para transformar seu gato borralheiro em algo fabuloso? Porque, como muitas mulheres, você provavelmente se sente atraída por sucesso e status. Logo, quando seu homem se veste como se estivesse prestes a ser demitido no dia seguinte, isso a faz se sentir desconfortável. Seu cérebro raciocina: "Lá se vai a segurança dos meus óvulos." (Independentemente de você estar consciente desse pensamento ou não!) Portanto, é natural que queira que o seu homem se vista para o sucesso. Isso ajuda a fazer você se sentir segura e amparada, sabendo que ele será capaz de prover seus filhos amanhã.

Bem, você quer que ele fique bonito, mas ele não está nem aí. Como reconciliar essas opiniões conflituosas? Não se trata de uma tarefa fácil, especialmente porque não há nada que os homens detestem mais que ir às compras. Não é apenas por julgarem estar desperdiçando dinheiro que ganharam laboriosamente em coisas de que não precisam — como calças novas (quando as velhas só estão com alguns furinhos, mas, fora isso, ainda estão ótimas!) — quando poderiam estar gastando isso em coisas de que necessitam, como TVs de plasma e computadores. Os homens simplesmente não são biologicamente programados para correrem atrás de modelitos novos. Não está no DNA deles ter de andar de loja em loja em busca da calça cáqui perfeita. Querem obter aquilo de que precisam da maneira mais rápida, ligeira, barata e fácil possível, exatamente como na época das cavernas, quando caçavam e traziam a caça para casa para alimentar a família. Não esperavam para matar o búfalo "perfeito", com um belo couro lustroso cor de chocolate. O primeiro animal comestível que aparecesse no raio de ação da sua lança certamente resolveria a questão.

É por este motivo que, quando um homem sai para comprar uma camisa, volta para casa com uma camisa. E quase sempre se trata da primeira que viu. Em contrapartida, quando uma mulher sai para comprar uma blusa, volta para casa com dois pares de sapatos, uma bolsa, óculos de sol, brilho labial e uma calça jeans. Ué, e a blusa? É bem provável que tenha esquecido completamente que precisava de uma e que essa fora a razão da sua ida ao shopping! Os homens comparam esse tipo de coisa a visitar 12 restaurantes sem nunca se sentar e fazer uma refeição. Simplesmente não é prático.

> "Como detesto ir às compras, minha namorada se prontificou a fazer isso por mim. Ela apareceu na minha casa com uma camisa social, cuecas e mocassins de marca. Se eu fiquei ofendido? Não! Uma parte de mim adorou. Mas acho que isso aconteceu porque ela sempre me disse que esses eram itens a serem acrescentados ao meu guarda-roupa. Seria bem diferente se eu sentisse que ela seria capaz de me largar caso eu usasse o sapato errado. Eu gosto que ela me ajude a encontrar meu estilo, contanto que faça isso com boas intenções e sorrindo."
>
> — NORMAN, 28 ANOS, CONTADOR

Caso seu homem não goste de fazer compras, não reclame. Sempre há um jeito para contornar qualquer problema. Afinal, a técnica de encantar homens trata de oferecer uma situação em que todos ganhem, de modo que não apenas ele concorde em dar uma incrementada no visual, mas ainda o faça de bom grado e disposto a gastar. Então, se você quiser deixá-lo tinindo como George Clooney em época de Oscar, siga os seguintes passos. (Diga-se de passagem, corre um boato de que George vem usando o mesmo smoking pelos últimos 14 anos!)

Planeje uma ida ao shopping

O primeiro passo é planejar uma rápida ida ao shopping. Observe a ênfase dada à palavra "rápida". O objetivo dessa ida — desconhecido por ele — é determinar seu tamanho e que cores e estilo condizem com seu tipo físico. Como fazê-lo ir? Primeiramente, negocie o tempo dele. Quando ele *não* estiver ocupado vendo um jogo ou seu programa preferido na TV, nem fazendo sexo com você, diga a ele gentilmente que está pensando em dar um pulo no shopping para dar uma olhada num novo modelo legal de (inserir o item que ele prefere) ou seja lá o que for do interesse dele, e que você adoraria se pudessem ir juntos. Mencione casualmente que, aproveitando que estarão lá, poderiam dar uma olhada numa calça jeans que você viu para ele. Então, ofereça-lhe uma recompensa — talvez, depois, vocês possam ir ao bistrô ou barzinho preferido dele para tomarem uns drinques.

Organize seus itens básicos

Depois de descobrir seu tamanho, você pode organizar seu guarda-roupa de forma a garantir que contenha os itens essenciais. Todo homem deve ter cinco itens-chave no seu guarda-roupa, a saber: uma camisa impecavelmente branca, uma calça jeans maravilhosa, um ótimo suéter, um terno versátil e perfeito e um blazer. Ao garantir os itens básicos, estará dando um grande passo no sentido de dar um upgrade em seu estilo de vestir. Além disso, ao perceber o quanto você facilitou (e sistematizou) a vida dele, ajudando-o a escolher alguns itens básicos que ele pode misturar e combinar entre si, ele lhe agradecerá por isso!

Descubra quem é o herói dele

Essa dica também pode auxiliá-la bastante a conseguir ampliar os horizontes de seu homem em termos de moda. Utilize o herói dele para enfatizar os diferentes tipos de roupas, faça sugestões no que tange ao corte de cabelo, calça jeans, sapatos, cinto, seja lá o que for que você gosta no herói dele. E, então, comece o processo.

Outra opção é fazê-lo estabelecer uma conexão, em tom de brincadeira, com um herói da moda que você admira. Diga, por exemplo: "Querido, você é tão parecido com o David Beckham [ou qualquer outro galã]!" e aponte para uma foto dele numa revista. Ou compre o último número da revista *GQ* e pergunte a ele casualmente quem ele julga ter melhor estilo. Então, você pode usar essa pessoa como meio para incentivar nele a vontade de se vestir um pouco melhor — sempre deixando-o pensar que foi uma ideia brilhante dele.

E então, aguarde.

Ele pode retrucar: "Pois é, mas meu cabelo é diferente."

Aí, você responde: "Ah, isso é fácil de resolver, minha cabeleireira é incrível. Rápida e barata. E ela é gostosa, ainda por cima!"

Apresente suas próprias sugestões

Agora que ele já tem os itens básicos, que você sabe o manequim dele e que sinalizou alguns itens da moda usados por seu herói, você pode ir em frente e fazer as compras por conta própria. Lembre-se, porém, de se ater ao estilo dele. Compre algo de que ele realmente vá gostar, e não aquilo que você desejaria que ele usasse. Surpreenda-o. Diga: "Querido, vi esses sapatos e eles são simplesmente a sua cara. Achei que você ia ficar bonitão com eles!" Então, quando ele experimentá-los, encabulado, pule no colo dele. A partir daí, é provável que ele fique menos relutante em deixá-la comprar coisas para ele.

A chave para o sucesso é não ser demasiadamente direta, para que ele não pense que você está sendo exigente e o está tratando como um projeto pessoal. Em vez de abordar o assunto de forma direta, como: "Hein, amor, seu estilo é tão anos oitenta. Que tal eu dar um jeito nisso?", você deve dar indiretas, do tipo: "Vi isso aqui e achei que você ia ficar tão sexy!" Então, quando ele vestir o item em questão, derreta-se dizendo que é melhor não deixá-lo sair de casa vestido assim e beije-o apaixonadamente — ou, se você estiver no clima, pegue-o pela mão e leve-o para o quarto. Olhe para ele cheia de tesão quando ele usar as roupas que você comprou. A conexão neurológica que ele fará é que, quando se veste melhor, ganha mais sexo. Que homem não adoraria isso?

Elogie seu homem

Elogie-o, mas não do jeito como sempre o elogia. Em vez disso, leia o que o famoso ator de Hollywood Ashton Kutcher disse num artigo que escreveu para a revista *Harper's Bazaar*:

"Queremos nos sentir sujos, vigorosos e, principalmente, que vocês se sintam seguras em nossa companhia. Portanto, quando o cara de vocês finalmente experimentar algo de que vocês gostem, digam-lhe que ele se parece com James Bond ou Tony Montana. (...) Acredite, diga qualquer coisa desse tipo e você nunca mais vai conseguir fazer com que ele tire a porcaria da roupa."

Lembre-se que a chave que abre o coração do homem é a sua autoestima. Não o faça se sentir idiota quando ele misturar listras com xadrez ou levantar a gola da camisa. Simplesmente use a técnica de encantar homens para melhorar seu estilo. E recompense-o por isso. Comece com um item novo. Recompense-o. Aprecie-o. Então, passe para o próximo item. Se você empreender coisas demais ou rápido demais, ele vai achar que você está tentando modificá-lo — e ele vai se fechar à experiência. Assegure-se que cada etapa de seus esforços para repaginar seu estilo também acrescente algo à autoestima dele.

Aperfeiçoando a higiene pessoal dele

Você sabia que os homens nos Estados Unidos gastam a enormidade de 61 bilhões de dólares em artigos de higiene pessoal? De acordo com um estudo desenvolvido pela Packaged Facts em 2009, as vendas de produtos de beleza masculina aumentaram 37% desde 2004. Os produtos da linha para barbear estão no topo da lista dos itens mais comprados, seguidos por produtos de banho, cuidados capilares, desodorantes e produtos para a pele. Que surpresa, os homens estão gastando mais para cuidar da pele. Isso significa que há esperança do seu homem melhorar nesse quesito, caso já não o tenha feito.

Listamos a seguir alguns pontos de fricção no que tange à higiene dos homens e dicas para resolvê-los.

Acabe com a monocelha

Arrancar fios da sobrancelha dói. Não é uma experiência agradável, como também não é agradável ter de pegar o carro e ir até o salão para que a esteticista arranque alguns pelos antiestéticos de seu rosto. Mas, ao passo que as mulheres se prontificam a sofrer em prol da beleza e se pautam pelo ditado segundo o qual "Não se consegue nada sem sacrifício", os homens são radicalmente diferentes. Eles não consideram a dor como algo a ser superado em prol da beleza, especialmente quando isso envolve manusear uma pinça perto dos olhos.

Seu objetivo é conseguir fazer seu homem ir à esteticista somente *uma vez*. Diga que é promoção para casal, que não dói e que, logo depois, você o levará para almoçar em seu restaurante predileto. Ele só precisa ir uma vez para limpar e delinear as sobrancelhas. Depois, basta ele ir retocando-as sozinho de vez em quando. Elogie-o, dizendo que ele fica maravilhoso *sem* aquela sobrancelha fechando no meio e recompense-o com carinhos, amor, comida e beijos.

Fazendo uma faxina lá embaixo

Se você é daquelas que acham que acrescentar um pouco de preliminares na rotina sexual pode consistir no maior desafio, procure lidar com o fato de que seu cara é espanto-samente cabeludo lá embaixo. A boa notícia é que, a despeito do que podem fazer pensar Sean "P. Diddy" Combs, que promove a depilação total com cera, e o ultralisinho David Beckham, nem todas as mulheres gostam de homens com os pelos raspados ou arrancados em lugares que nem a sunga do Michael Phelps revelaria. Mas, na média, um pouco de manutenção nas partes se faz obrigatória. Conseguir fazê-lo aparar os pelos poderá não ser tarefa fácil. Fácil, porém, é puxar esse assunto com ele. Seguem algumas maneiras de abordagem:

- "Nossa — como você está cabeludo lá embaixo! Adoro te dar uns beijinhos... mas quando está mais aparadinho."
- "Que tal algumas preliminares envolvendo eu ver você aparando uns pelinhos por aí? Ou, melhor ainda, eu aparo. Confia em mim?"

Ele pode não aderir à ideia imediatamente. Não desista. A questão é fazer com que ele pense a respeito. E depois perguntar aos amigos dele. (O que é uma boa ideia.) E isto, porque com a quantidade de dinheiro que os homens estão gastando hoje em dia em produtos de higiene pessoal, pelo menos um dos amigos dele deve estar fazendo isso. Os homens não se incomodam em fazer coisas que seus amigos fazem. Na realidade, isso até desencadeia um pouco a natureza competitiva que há entre eles. É só fazer uso dessas alavancas neurológicas e você terá seu homem aparado e lisinho em qualquer lugar que desejar num piscar de olhos.

Aparando a barba

Para algumas mulheres, nada é pior que beijar um homem com a barba por fazer: arranca duas camadas de pele e deixa o rosto cheio de espinhas. As mulheres brincam comparando a situação a uma sessão de esfoliação facial grátis, mas chega a ser constrangedor ir trabalhar na segunda-feira quando a pele do queixo fica vermelha e depois descasca. Infelizmente, não há gola rulê que disfarce isso. Então, como fazê-lo se barbear para que você possa beijá-lo sem ficar toda machucada?

Quando vocês estiverem na casa do seu homem enroscadinhos num amasso e ele estiver com uma barba espinhenta de dois dias, simplesmente use a técnica de encantar homens para fazê-lo se barbear. Os homens fazem quase qualquer coisa por sexo. Se achar que vai conseguir transar com você naquela noite, a maioria dos homens vai entrar em ação imediatamente ao ouvir esse pedido. Sim, você pode fazer isso literalmente no meio do amasso. Anuncie o problema: "Sua barba está grossa mesmo!", fazendo uma pausa para suspirar e abrindo um largo sorriso de "Estou louca por você". Então, acrescente seu pedido: "E aí, o que você acha? Será que consegue se barbear rapidinho?"

A maioria dos homens vai pular instantaneamente do sofá e atender ao pedido. Então, enquanto assiste a ele no banheiro, diga que acha sexy vê-lo se barbeando. Isso pode até excitá-lo e incitá-lo a transformar seu pedido num jogo preliminar.

Como aplicar a técnica de encantar homens ao peso dele

Se seu homem está bochechudo e com um pneu em volta da cintura, talvez tenha chegado a hora de você ajudá-lo a entrar em forma. Contudo, se você exigir que ele o faça ou insultar seu tamanho, pode esquecer que vai convencê-lo a pisar numa academia. O mesmo se aplica à alimentação dele. Faça qualquer tentativa de impedi-lo de comer mais uma colherada da sua sobremesa preferida e você entrará logo na categoria das pentelhas.

A boa notícia é que exercícios fazem o corpo secretar endorfinas. Por sua vez, elas vão deixar seu homem mais feliz, estimulando seu ego, o que o torna mais inclinado a lhe agradar e faz com que ele queira continuar o regime de exercícios. Comece esse ciclo de felicidade comunicando-o com a técnica de encantar homens. Listamos algumas maneiras de alcançar esse resultado.

Peça a ajuda dele

Lembre-se, quando você pede ajuda a um homem, o ego dele fica estimulado e ele se mostra mais inclinado a tomar uma atitude, apresentar uma solução viável e resolver seu problema. Para colocar a bola em campo, mencione que você está lutando para conseguir entrar em forma e que adoraria poder contar com a ajuda dele.

É isso mesmo: se você quiser que o seu homem entre em forma, sugira que é *você* quem quer buscar um estilo de vida mais saudável. Então, peça sugestões. E faça isso sob forma de colaboração, do tipo:

- "Por favor, será que você poderia me ajudar não deixando tanto chocolate espalhado pela casa? Eu preciso manter a motivação!"
- "Hein, onde foi parar aquele livro de culinária saudável que eu comprei? Que tal nós dois cozinharmos alguma receita gostosa dele?"
- "Eu detesto me exercitar sozinha. Será que você pode me fazer companhia?"

Ao maquiar "o problema" como sendo seu e sugerir que seu homem encontre um jeito de "resolvê-lo", você consegue trazê-lo à sua missão, em vez de pressioná-lo e simultaneamente pisotear seu ego.

Exercitem-se juntos

A próxima etapa é elaborar um horário em comum para malhar. Reserve meia hora de exercícios juntos na parte da manhã, antes do trabalho, e o mesmo tempo à noite, depois do jantar. Lembre-se de dizer ao seu homem o quanto ele está ajudando você ao fazer isso. Você logo verificará uma melhora no seu humor e no nível geral de energia. Desse modo, ambos vão se beneficiar ao entrar em forma (e mais, isso pode fazer milagres para a vida sexual de vocês). Os casais que treinam juntos normalmente perdem mais peso porque um incita e encoraja o outro.

Recompense-o

Recompensas podem assumir várias formas, e elogios são extremamente eficientes. Quando o vir suando no meio do treino, reforce sua autoestima dizendo que o acha extremamente sexy e viril. Se conseguir estabelecer uma rotina de vocês se exercitarem juntos e, depois, saírem para um jantar saudável, ele ficará ainda mais inclinado a manter esse compromisso. Conhecemos uma mulher que disse ao marido que faria sexo com ele todos os dias em que ele se exercitasse por uma hora. Como resultado, ele perdeu 15 quilos em poucos meses! Jamais subestime o poder de uma boa recompensa!

Outras sugestões

Se você ainda não conseguiu seu objetivo, tente uma das seguintes ideias ótimas:

- Pague para ele uma sessão de ginástica com uma personal trainer gostosona. (Certifique-se de que ela seja lésbica ou casada!)
- Pesquise dietas e programas de exercícios para reduzir peitinhos nos homens e adote a técnica de encantar homens para mostrar a ele que poderia ser uma boa ideia ele dar uma olhada nisso.
- Matriculem-se juntos numa academia e escolha uma modalidade de que ele também vá gostar, como, por exemplo, spinning.

Mantras da encantadora de homens
Capítulo 11

- Livre-se de toda comida de má qualidade que tiver na casa.
- Exercitem-se juntos, encoraje-o e recompense-o com algo.
- Não pegue no pé se ele não aderir ao programa. Simplesmente, procure mudar de tática.
- Elogie-o sinceramente em outros quesitos da sua aparência.
- Lembre a ele o quanto você o ama.

CAPÍTULO 12

Encantando os homens no quarto

Revele o gigantesco potencial dele para satisfazê-la (às vezes, em dose dupla!)

"Um orgasmo por dia mantém você saudável."
— MAE WEST

"Encante os homens para gritar de prazer."
— DONNA E SAM

Seu homem está priorizando a coisa certa?

Que os homens só pensam em sexo não é novidade para ninguém. Mal acordam, já estão traçando estratégias de onde e quando vão poder fazer sexo. Os homens são capazes de fazer praticamente qualquer coisa para conseguir um pouco de ação na cama... independente de vocês estarem juntos há dois meses ou vinte anos. Mas eles têm noção de que é mais fácil uma mulher aceitar fazer sexo com eles quando preparam um clima romântico. Infelizmente, no caso de homens sem maturidade sexual, o orgasmo da mulher não é apenas para satisfazê-la. É uma área na qual querem poder contar vantagem.

Por outro lado, para os homens sexualmente maduros, o prazer sexual da mulher é um objetivo em si, porque eles vivem para agradar vocês. (Imagine só!) Portanto, se o seu homem está deixando a desejar no quarto ou se parece ter esquecido da existência das preliminares, nada de pânico. A técnica de encantar homens pode reverter isso, fornecendo a ele dicas dos muitos e deliciosos benefícios que conquistará ao empreender valorosos esforços para satisfazê-la sexualmente.

Claro, alguns homens já entenderam isso. O prazer dela redobra o dele e eles se sentem bem dando prazer. Estão de parabéns! E fica ainda melhor quando você pode confiar neles o suficiente para se entregar aos seus carinhos, relaxar e ter vários orgasmos seguidos! Infelizmente, porém, homens desse tipo são a exceção que confirma a regra. Que tipo de homem é o seu? Confira a tabela a seguir para descobrir:

Homens *versus* meninos na cama

Na cama, os homens dizem:	Na cama, os meninos dizem:
Está gostando?	Goza pra mim!
Eu poderia fazer isso para sempre.	Já gozou?
Deixe que eu cuido de você primeiro.	Me chupa.
Quer mais?	Meus dedos estão doendo.
Vem cá, vem!	Estou cansado. Preciso dormir agora.

A situação atual da vida sexual feminina

Enquanto os homens chegam ao orgasmo na maioria das relações sexuais, as mulheres não têm a mesma sorte. De acordo com o Relatório Hite (compilado pela sexóloga Shere Hite e republicado em 2004), somente 30% das mulheres experimentam o orgasmo através de penetração. E, para piorar mais um pouco a situação, entre 50% e 60% das mulheres jamais tiveram um orgasmo numa relação sexual, nunquinha!

Infelizmente, hoje em dia, as mulheres não querem falhar em nada, e isso se aplica inclusive ao orgasmo. Consequentemente, em vez de tomar seu tempo para forjar uma intimidade com os homens com quem vão para cama, muitas tentam se livrar do desconforto de não conseguir gozar como uma atriz pornô e apelam para o velho método de "vamos acabar logo com isso", simulando o orgasmo. Entretanto, isso infringe o mantra das encantadora de homens nº 5: "Nunca simularás um orgasmo." Depois que você começa a fingir, fica extremamente difícil voltar ao caminho da verdade.

Outro problema é que as mulheres estão se preocupando demais em proteger os sentimentos do homem na cama e tentam fazê-lo se achar um fenômeno, em vez de se concentrarem em receber prazer. A cama é um lugar em que você não precisa representar! Claro, você quer elogiar seu homem, mas não esqueça que você também deve receber algo em troca. E não procure tentar encenar o último filme pornô que você viu. Sua vulnerabilidade nua é muito mais sensual.

Orgasmo? O que é isso?

Se você se encontra numa situação em que simula orgasmos ou não está satisfeita com sua vida sexual, tente compreender o motivo antes de conversar com seu homem a respeito. Comece por definir as associações que você costuma fazer nos quesitos sexo e prazer. Você está com medo? Sente-se intimidada? Não está resolvida em relação ao seu próprio corpo? Em seguida, determine por que motivo você tem mentido para seu homem sobre isso (ou tem aturado sexo insatisfatório). Você está com medo de ferir os sentimentos dele?

> ATENÇÃO! *Fechar a matraca versus falar o que sente*
> Fechar a matraca é uma ferramenta utilizada para dar espaço e paz, para que os homens encontrem soluções que agradem você. Fechar a matraca *não* se destina a evitar problemas que você teme abordar. Nesse último caso, é preciso *abrir* a matraca. É isso mesmo, fale o que sente! Use palavras para encantar homens e confie no processo.

Para as mulheres, admitir que têm dificuldades em receber prazer é tão assustador quanto é arrasador para os homens descobrir que suas mulheres não estão satisfeitas. Entretanto, quando ele fica com todo o prazer e você se torna apenas figurante passiva, é só uma questão de tempo até que seu ressentimento comece a se alastrar para outras esferas da relação, de forma passivo-agressiva.

Assim, está na hora de recordarmos o mantra nº 4 das encantadoras de homens: fecharás a matraca e deixarás que ele resolva o problema. Não por conta própria, é claro, mas sim com a nossa técnica. Tome a iniciativa e descubra como ele pode ajudá-la. Então, adote táticas de encantadora de homens para comunicar-se — observação, elogio, pedido — e dar o seu recado. Com esse tipo de abordagem, você está assegurando que ele tenha clareza quanto às suas expectativas, e ao mesmo tempo sendo gentil e compassiva.

ESTUDO DE CASO: MANDY E NICK

Mandy, publicitária de 28 anos, estava namorando Nick, de 30, havia três anos. Antes dele, ela tivera meia dúzia de parceiros sexuais e acreditava realmente que ele era o "cara certo". Eles até já haviam conversado sobre casamento. Não obstante, um pequeno problema não parava de atormentar a mente dela: nunca experimentara um orgasmo.

— Não entendo por que fazem tanto estardalhaço sobre sexo — falou ela. — Não é isso tudo. Por que os homens são tão obcecados?

Hein? Ela estava falando sério? Quando perguntada se já tinha tido um orgasmo, ela respondeu não ter certeza.

— Ah, você saberia — comentamos.

— É mesmo?

— Nossa, claro que sim! Podemos garantir que se você já tivesse tido um orgasmo, você saberia.

Perguntamos se ela sentia algum prazer com sexo. Ela retrucou que, infelizmente, não. Inquirimos se havia preliminares e ela respondeu que, infelizmente, não havia.

Conjecturamos que a vida sexual problemática de Mandy resultava de uma enorme falha de comunicação na cama e que o verdadeiro significado do ato em si havia se perdido ao longo do caminho. O ato sexual entre o casal deve constituir uma experiência especial, sensual, explosiva, gostosa e deve criar laços sólidos. Não é de se estranhar que ela nunca tivesse vontade de tirar a roupa.

Por outro lado, Nick (como a maioria dos homens) acha que é muito bom de cama. Ele acredita saber se orientar pelo corpo de uma mulher melhor do que um mecânico num carro esporte. E está convencido de que tem uma habilidade fantástica para deixar Mandy excitada. Por quê? Porque ela permite que ele pense assim. Ela se vê presa num impasse terrível, em que ou simula prazer ou ignora-o completamente.

Em vez de abrir diretamente o jogo, confessar não ter orgasmos e pedir (leia-se, exigir) que ele a ajude a se redescobrir sexualmente, Mandy resolve utilizar a técnica de encantar homens para ajudar Nick a compreender a situação. Num domingo, durante um romântico café da manhã, ela comentou que vira numa revista feminina, alguns dias antes, algumas posições sexuais que atingiam diretamente o ponto G da mulher.

— Que tal experimentarmos? — sugeriu sensualmente.

Os olhos de Nick se iluminaram.

— Que tal se eu a levar para jantar naquele restaurante que você adora na quarta-feira e, depois, experimentarmos essas posições?

Ele mal podia esperar para se entregar generosamente e impressioná-la com isso. Sua excitação era palpável e ele começou a contar os dias que o separavam daquele jantar. No meio tempo, ele também fez outra coisa: começou a pesquisar posições e maneiras de incrementar o orgasmo feminino. E, quando finalmente a noite de quarta-feira chegou, pode apostar que o sexo foi alucinantemente fantástico Mandy conseguiu seu orgasmo. E não há nada melhor do que isso para fazer um homem se sentir um herói. Nick tinha condições de resolver o problema, ele só precisava saber que o problema existia.

Ideias gerais para melhorar sua vida sexual

Seja qual for o problema sexual em seu relacionamento, saber o que fazer e o que não fazer só pode melhorar a situação.

Você não deve:
- Queixar-se ou criticá-lo, dizendo que ele é ruim de cama.
- Exigir que ele lhe dê prazer de uma determinada maneira.
- Falar sobre questões de trabalho/família/peso durante o sexo.
- Ficar ressentida com o prazer dele.
- Dizer para ele o quanto é difícil para você fazer sexo oral nele.
- Parar no meio do sexo oral, alegando estar "cansada" ou que "sua boca está doendo".

Você deve:
- Criar uma verdadeira intimidade, escutando-o falar sobre seus sentimentos ou fazendo com que ele se abra para você.

- Orientá-lo sobre como agradá-la (voltaremos a este assunto mais tarde).
- Criar preliminares e se excitar antes de ir para a cama.
- Fazer pedidos sexuais fora do quarto (via telefone, torpedo ou durante o café da manhã... desse jeito ele vai ficar pensando em você o dia inteiro, na maior expectativa!).
- Faça com que ele saiba tudo o que está fazendo certo.
- Torne a vida mais sensual com insinuações, sempre que apropriado.
- Lembre-se de que os homens ficam excitados com informações visuais. Cuide-se e mostre que está tentando impressioná-lo. E não esqueça de se arrumar em trinta segundos antes que ele chegue: retocar os lábios e cílios e passar um perfume sensual já resolve.

Ajude a si mesma!

Talvez sua situação sexual não seja tão ruim quanto a de Mandy, mas ainda pudesse receber uma incrementada. Um ditado infame circula entre os homens, segundo o qual "Não existe sexo ruim; só existe sexo bom e ótimo". Contudo, as mulheres pensam diferente. Sabemos que há ocasiões em que o sexo não tem fogo algum. Certa vez, uma amiga comentou, maldosamente: "Não sei o que foi aquilo... só sei que não foi sexo." Na verdade, a experiência fora tão devastadora que ela nos contou que, depois, escondeu-se debaixo dos lençóis para ocultar a cara de decepção.

Caso seu homem não saiba navegar intuitivamente pelo seu corpo, lembre-se de que as mulheres só conseguem ajuda quando ajudam a si mesmas. Em outras palavras, estimule o próprio corpo. Não delegue somente ao homem a tarefa de excitá-la. Excite-se. Inclusive mentalmente. Vá à luta com preliminares. Olhe fotos sensuais que despertem seu apetite. Desenvolva uma fantasia ou uma imagem sexual que sempre a excite e repasse-a mentalmente todas as vezes.

Quando chegar o dia marcado para namorar com o seu homem, permita que a sua expectativa sexual vá se desenvolvendo durante o dia. Envie mensagens sensuais (mas não no celular do trabalho!), antecipando o que vai vestir e o que vai deixar de vestir. As mulheres se excitam com situações, palavras e diálogos, portanto, construa esse cenário para você e incendeie-se interiormente. Lembre-se de que variar é sempre uma boa pedida. Procure já estar a "meio caminho andado" antes que ele chegue à sua casa. E, durante o programa, permita que o estado de excitação vá crescendo por meio de toques, olhares sensuais, sinais de antecipação e acalorados amassos. Deixe que ele a excite no carro, no caminho de casa, para você já chegar prontinha para ir para cama.

Também sinta-se à vontade para alisar seu clitóris durante o sexo enquanto ele estiver trabalhando em seu ponto G. Os homens que pesquisamos adoram isso, por duas razões: eles ficam excitados olhando e isso diminui a pressão para que façam tudo "certinho". E você também vai adorar, porque gozará mais vezes.

Ou, alternativamente, leve os dedos dele a fazer um tour pelo seu corpo. Ajude-o a aprender seus ritmos. Coloque sua mão sobre a dele e guie-o, revelando a ele o que a faz atingir o clímax. Seu homem quer satisfazê-la. Se ele não souber fazer isso naturalmente, cabe a você ensiná-lo como se faz.

Usando a técnica de encantar homens para outras necessidades sexuais

Talvez haja outros itens em sua lista de desejos sexuais para os quais você quer encantar seu homem. Levantamos os problemas mais comuns e indicamos a seguir como usar a técnica de encantar homens a esse respeito.

Para variar sexualmente:

- "Querido, que tal a gente pegar o carro e dirigir até uma praia deserta onde ninguém possa nos ver (piscadela), levando um grande cobertor e uma garrafa de vinho?"
- "Eu estava pensando ainda agora... já cozinhei para você nua?"

Para conseguir sexo oral:

- "Aquele orgasmo que você me deu quando me chupou foi tão bom!"
- "Eu não sei como você faz isso, mas é a melhor coisa."

Para mais sexo:

- "Você parece meio estressado hoje à noite. Um pequeno trato sexual ajudaria?"
- "Estou subindo pelas paredes hoje." (E, então, feche a matraca!)

Como atingir em cheio o "gene sexual generoso" dele

Para algumas mulheres (as felizardas), sexo oral é algo que o homem faz porque ele gosta de lhe dar prazer. Todavia, para algumas de nós, prazer oral e preliminares representam um luxo muito raro. O único sexo oral de que ouvimos falar é aquele que fazemos neles. Às vezes, até exageramos na generosidade, na esperança de sermos retribuídas depois. Contudo, trata-se de uma faca de dois gumes, porque, se não conseguirmos o que queremos, vamos nos sentir usadas, constrangidas, envergonhadas e inseguras em relação a como agir. O passo seguinte é pensarmos que os homens são todos babacas. Mas eles não são. Nós apenas não tivemos paciência o bastante para esperar e conseguir o que queríamos.

> **Gene sexual generoso:** A parte dos homens que é generosa por natureza e, portanto, gosta e sente muito prazer dando prazer a uma mulher na cama.

Por que é tão importante ativar o gene sexual generoso dele? Porque, infelizmente, já ouvimos milhares de mulheres se queixarem de não estarem satisfeitas na cama. E quer saber mais? Esses relacionamentos não costumam durar muito. Quando essas mulheres encontram alguém que faça sexo oral nelas, elas exclamam: "Viu, finalmente encontrei um homem que faça alguma coisa por *mim*!" Portanto, meninas, das duas, uma: ou você está com o cara errado ou simplesmente precisa retificar a situação.

Uma vez que você tenha aprendido a ativar o gene sexual generoso dele, prepare-se para experimentar "aquele" orgasmo muito mais vezes. E a melhor parte é que ele não vai querer nada em troca, apenas algumas palavras de elogio e uma boa refeição de vez em quando.

> "Não há nada de que eu goste mais do que dar prazer a uma mulher. Saber que eu posso levar uma mulher ao orgasmo é a melhor sensação de todas. Não quero nada em troca, a não ser saber que fiz um bom trabalho."
>
> — BEN, 38 ANOS, WEB DESIGNER

Cinco passos para ativar o gene sexual generoso dele

1. Usando a técnica de encantar homens, desafie-o a lhe dar prazer.
2. Feche a matraca.
3. Espere.
4. Adote a técnica de encantar homens para lhe dar quaisquer dicas audiovisuais que se façam necessárias sobre como agradá-la.
5. Recompense-o por sua proeza sexual.

Abordaremos cada passo mais detalhadamente a seguir.

Formule um desafio

Os homens, por natureza, são criaturas movidas por desafios. Desde a época das cavernas, a testosterona tem estimulado os homens a competirem entre si para conseguir a melhor mulher da tribo. Ao ser confrontado com algo que desperte nele o lado competitivo herdado do tempo das cavernas, o homem não se detém diante de nada até alcançar seu objetivo. Para ativar o gene sexual generoso do seu parceiro, formule o desafio supremo: fazer você gritar de prazer!

Se você não sabe como abordar esse assunto com seu homem, arranje uma cópia do guia definitivo de Ian Kerner, intitulado *She Comes First: The Thinking Man's Guide to Pleasuring a Woman*, completo com diagramas e, sim senhora, até um mapa. Abra-o na página sobre sexo oral, deixe-o como livro de cabeceira, mostre ao seu namorado no tom de quem está fazendo uma piada hilária e sugira que vocês dois experimentem algumas das técnicas recomendadas. Não há homem que resista a uma sessão de sexo com mais aventura — embora quase todos os homens se recusem, caso a mulher resolva exigi-lo. Alternativamente, dê uma olhada rápida no livro *The Joy of Sex* ou no *Kama Sutra* para encontrar um monte de novas posições maravilhosas que visam a um único propósito: estimular seu ponto G. (Nossas dicas: de frente um para o outro num banquinho, em pé por trás e frango assado com as pernas para cima fazem milagres.) Os homens são estimulados visualmente, portanto, mostre-lhe gentilmente algumas fotos e faça sugestões.

Alternativamente, procure um filme pornô feito pensando no público feminino, ou um filme que tenha uma cena de sexo incrível (*Garotas selvagens* e *Instinto selvagem* são um bom começo), e pergunte casualmente se ele gostaria de experimentar fazer algo assim. Diga que a mulher na cena parece estar tendo enorme prazer e que você gostaria de experimentar para ver se funcionaria com você também.

> ### ATENÇÃO! *O corpo da mulher*
> Você nunca pode realmente partir do pressuposto que um homem compreende o que acontece entre suas pernas. Assim, forneça-lhe um mapa visual e um tour guiado pela sua anatomia. Sejamos honestas: o clitóris é composto de 18 partes distintas e concentra mais fibras nervosas que qualquer outra parte do corpo humano. Então, ele vai precisar de toda a ajuda possível. Depois de um jantar romântico juntos, ou um banho de espuma em meio a velas perfumadas, adote a técnica de encantar homens, sugerindo para ele que você gostaria de guiá-lo por um tour das áreas que lhe dão prazer. Nenhum homem resistirá a isso!

E aí, feche a matraca. E espere acontecer. Esses são os passos dois e três para ativar o gene sexual generoso dele. Sim, é difícil ser paciente. Mas, acredite, é muito melhor quando ele chega sozinho às próprias conclusões

Adote a técnica de encantar homens para dar a ele quaisquer dicas audiovisuais que se façam necessárias sobre como satisfazê-la

Forneça sinais bem claros, como gemer, gritar, dar beliscões, girar os olhos, agarrar o travesseiro e urrar o "agora" final. Explique a ele que seu corpo também vai transmitir vibrações. Diga-lhe que quando você gozar, ele vai sentir fortes contrações musculares, que seu tórax ficará vermelho e que, aproximadamente trinta segundos depois, a ponta de sua língua fica fria (é uma reação fisiológica!). Evidentemente, diga isso tudo num tom sensual e isso aumentará a expectativa dele.

Recompense-o pela sua proeza sexual

Esta é uma excelente oportunidade para criar associações positivas em sua mente. Ele a agrada na cama: você fica bem-humorada a semana inteira. Ele toma tempo e se esforça para fazê-la atingir o orgasmo: você o julga um deus na Terra. Encontre modos de mencionar e conversar sobre como foi bom, mesmo depois do carinho pós-coito. Agradeça-o repetidas vezes por ele ser um amante tão generoso e talentoso.

Recompensá-lo pela sua proeza sexual e pelo seu desejo de agradá-la na cama pode se tornar uma preliminar contínua entre os dois, mantendo a chama acesa até o próximo encontro amoroso. Enquanto estão executando uma tarefa do dia a dia, diga que acabou de ficar excitada pensando no que ele fez com você algumas noites atrás. Faça com que ele saiba que a lembrança dele arde profundamente em sua mente e em seu coração e ele lhe dará muito mais. Faça com que ele saiba que você o deseja sexualmente, mesmo quando vocês não estão suando na cama. Recompense-o por isso e por todas as mil outras coisas que ele faz para você e você acertará em cheio.

ESTUDO DE CASO: JANICE E TED

Janice estava num relacionamento duradouro quando, um dia, ouviu uma conversa de amigas, que discutiam os méritos dos homens com quem haviam saído e que tinham a capacidade de "cair de boca" nelas por horas a fio. *"Cair de boca?* Uau!", pensou. Ted, o cara com quem namorava havia sete anos, jamais tinha feito isso. Muito menos por horas a fio.

Alguns dias mais tarde, Ted a levou para um jantar maravilhoso, sem nenhuma razão especial, como ele costumava fazer — essa era mais uma das maneiras como demonstrava sua generosidade. Quando a conta chegou, Janice interveio.

— Querido, que tal se eu pagar a conta... — disse docemente — e depois você me pagar de outro jeito?

Então deu uma piscadela cheia de significado.

— Não, eu pago a conta, amor — retrucou ele, sacando o cartão de crédito. — Mas... você está pensando em quê? De que você gostaria?

— Hmm... bem... eu adoraria se você caísse de boca em mim... mas fique à vontade para ser criativo...

— Mas eu achava que você não gostasse disso — respondeu ele, um pouco confuso.

— Ah, mas eu gosto! Vamos experimentar? — concluiu ela, exibindo um sorriso largo.

Essa resposta representou um desafio para ele. De repente, suas células cerebrais criaram uma enorme irrupção de dopamina (mesmo hormônio secretado durante a caça, nas primeiras fases do namoro), que resulta em maior motivação e ímpeto para fazer algo sensacional. Por outro lado, também tratava-se de variar; era algo que jamais haviam feito antes.

Claro que, superficialmente, o homem ficou chocadíssimo. Não obstante, sua mente começou a trabalhar no assunto. Nada aconteceu naquela noite, porém, alguns dias mais tarde, enquanto estavam brincando na cama, ele caiu de boca nela. E, nossa, como ele era bom nisso!

— Adoro fazer isso — comentou ele.

— E você é ótimo!

De repente, ela se deu conta do que vinha perdendo. Ficou feliz de ter abordado o assunto de maneira convidativa com o namorado, em vez de exigir ou ordenar que o fizesse. Ela deixou que ele resolvesse o problema que a estava incomodando e, depois, recompensou-o elogiando sua proeza sexual. No dia seguinte, ela até enviou um torpedo dizendo o quanto curtira as brincadeiras da noite anterior (em linguagem codificada, é claro!).

Por que os homens caem no sono depois do sexo?

Não se preocupe; seu homem não é o único que vira para o lado e cai num sono profundo, como se tivesse sido sedado. E isso, claro, bem na hora em que você quer ficar abraçadinha com ele, conversando. Se esse comportamento a deixa confusa e você acha que deviam conversar sobre esse costume dele, talvez seja melhor você ouvir primeiro dois psicólogos de Nova York, Mark Leyner e Dr. Billy Goldberg, autores do livro *Why Men Fall Asleep After Sex*. Segundo eles, a resposta a essa pergunta é biológica: "Alguns hormônios secretados durante o orgasmo — prolactina, ocitocina — facilitam o sono. Mas você tem de partir do princípio de que os homens têm orgasmos mais profundos que as mulheres. Se isso for verdade, eis o motivo pelo qual eles caem no sono depois do sexo. E parece que não é o caso das mulheres. Se as mulheres atingissem orgasmos tão profundos quanto os dos homens, todos estariam dormindo sempre ao mesmo tempo." (Esse é o motivo pelo qual você precisa adotar técnicas de encantar homens para conseguir obter a dose adequada para você!)

Infelizmente, meninas, o defeito de eles pregarem o olho logo após o coito, sem darem a menor importância às nossas necessidades emocionais, está inscrito no próprio DNA masculino. A essa altura, já não há nada em suas mentes, senão o desejo desesperado de penetrar na região dos sonhos. Não fique brava nem exija que ele fique acordado, paparicando você. Lembre-se de todo aquele ímpeto, aqueles grunhidos e o suadouro — não admira que o pobre coitado fique cansado depois do sexo. Afinal, ele deu tudo o que tinha e, se você quiser mais, ele vai precisar dormir para repor as energias.

A novidade é que, depois do sexo, elas também secretam ocitocina, mas essa química produz um efeito diferente nas mulheres do que nos homens. Como mencionamos no Capítulo 7, os cientistas apelidaram a ocitocina de "hormônio do namoro", porque faz as mulheres se tornarem mais sensíveis a tudo o que acontece imediatamente depois do amasso ou do sexo. Contudo, as encantadoras de homens sabem que o problema não é você — são os hormônios dele que estão roncando. Elas também sabem que, se você ainda acha que faltou alguma coisa, tampouco é problema seu. É tão somente sua ocitocina que quer estreitar laços, vínculos...

O que fazer? Rápido: pense em dez maneiras como ele lhe demonstrou seu amor essa semana — e demonstre sua gratidão deixando-o dormir.

Mantras da encantadora de homens
Capítulo 12

- Nunca simule um orgasmo. Como seu homem vai aprender a satisfazê-la se você enganá-lo constantemente?
- Não tenha medo de guiar o seu homem quanto ao modo certo de lhe dar prazer. Não fique constrangida — ambos vão se beneficiar disso a longo prazo e você vai ficar mais satisfeita na cama para todo o sempre.
- Use a técnica de encantar homens para influenciar a "outra" cabeça dele; será uma das poucas vezes em que as palavras realmente lhe serão úteis. Não interprete isso como fazer exigências, porém; é mais uma forma de oferecer um desafio para o seu homem — e então, deixe que ele se vire para vencer o desafio. As palavras que você usar podem excitar seu homem, ao criar imagens mentais do que vai rolar mais tarde.
- Recompense-o pela proeza sexual dele com elogios, carinhos e agradecimentos. Assim, ele vai querer repetir a dose e depois vai querer de novo, e de novo, e de novo.

CAPÍTULO 13

Ajude-o a controlar seus ímpetos masculinos

Ponha um freio nos olhares gulosos e no mau humor dele

"Homens excitados comem dez mulheres por dia com os olhos."
— MARK IRELAND, KODAK LENS VISION CENTRES

"Encante o gene monogâmico dele e não terá mais importância quem ele come com os olhos, pois ele irá para casa com você!"
— DONNA E SAM

Os homens e seu comportamento inconsequente

Ah, os homens e seus humores. Sabemos que o gênero feminino se caracteriza pelas mudanças bruscas de humor: ficamos bravas, frustradas, estressadas, deprimidas e irritadiças — às vezes, sem aviso prévio, sem motivo ou lógica. Na maior parte do tempo, nossas mudanças de humor não possuem qualquer justificativa, exceto quando se trata daquele período do mês em que somos autorizadas (ou assim esperamos!) por nossos gentis e delicados homens a sermos temperamentais, melancólicas e rabugentas à vontade, sem recriminações ou censuras.

Mas, no que diz respeito aos cavalheiros e suas disposições de espírito, trata-se de uma história psicológica completamente diferente, ainda a ser desvendada. Embora os homens não sofram de TPM, eles também experimentam mudanças drásticas de humor. Mas, como essas mudanças não apresentam qualquer regularidade aparente (diferente do nosso ciclo de 28 dias), não há nada para avisar-nos de que chegou o momento de pôr as barbas de molho e passar um fim de semana com as amigas, deixando-o se remoer e arrumar a cabeça sozinho (coisa que facilitaria muito a tarefa de lidar com os humores deles). Parece que o humor dos homens pode ser tão instável quanto o das mulheres, se não pior. Mas por quê? E quando isso acontece?

Alguns médicos e cientistas acreditam ter chegado a uma explicação viável para o fenômeno, que afirmam estar mais relacionado aos hormônios do que ao resultado obtido no futebol ou na cama. Inventaram até um nome para esse estado: Síndrome de Irritabilidade Masculina (SIM). O psicoterapeuta Jed Diamond define a SIM como "um estado de hipersensibilidade, frustração, ansiedade e raiva que ocorre em homens e está associado a alterações bioquímicas, flutuações hormonais, estresse e perda da identidade masculina".

> "Às vezes, quando estou taciturno, não é muito fácil lidar comigo, mas Trista e eu resolvemos a situação. Se eu estou de mau humor, não significa que minha mulher seja a causa... nem a *solução* para ele."
>
> — RYAN SUTTER, CASADO COM TRISTA E GANHADOR DE THE BACHELORETTE

De acordo com a teoria da SIM, o humor dos homens muda de gentil e carinhoso para agressivo e raivoso, bruscamente e do nada, por causa de quedas repentinas em seus níveis de testosterona — o que afeta seu cérebro e, portanto, seu humor. E, a exemplo do que acontece com a menopausa e a meia-idade, isso ocorre numa idade mais tardia da vida.

Evidentemente, embora milhões de homens sejam afetados, nem todos sofrem da síndrome. Alguns homens põem a culpa pelas mudanças bruscas de humor no fato de terem perdido a partida de futebol que tanto queriam assistir, jogado uma péssima rodada de golfe ou não estarem fazendo sexo o suficiente.

Ele não estaria simplesmente com fome?

Alguns homens — como o novo namorado de Jill, um advogado de 40 anos — não conseguem determinar ao certo o que os leva a começar a se comportar de repente como uma criança contrariada; simplesmente, ao passar por essas situações, sentem que alguma coisa está errada. Não é necessariamente algo relacionado com os níveis hormonais, porém está claro que *alguma coisa* está causando a irascibilidade. Jill, que faz o gênero detetive, decidiu investigar.

— Eu costumava ficar nervosa quando o humor dele mudava tão radicalmente — confidenciou. — Mas, então, me dei conta: quando acontece, é porque ele passou o dia inteiro sem comer! Passei simplesmente a carregar na bolsa um saquinho de nozes e jujubas e, quando ele começa a estourar, basta eu alimentá-lo. Bastam só um pouco de açúcar e alguns carboidratos e, num piscar de olhos, ele recupera o humor encantador que o caracteriza. Sempre dá certo.

Nesse quesito, e apenas nele, homens e mulheres são iguais. Quando os homens se alimentam corretamente, cuidam do corpo e mantêm o nível de estresse sob controle, seu estado de humor não muda tão drasticamente. Encoraje-o a baixar a guarda: compre seu lanche preferido e um bom suco de fruta. Ele precisa de energia: alimente-o e ofereça a ele toneladas de carinho.

Não se zangue, não fique aborrecida nem revide, brigando, quando seu homem estiver taciturno. Simplesmente feche a matraca e vá para a cozinha produzir um generoso sanduíche de carne que você sabe que ele vai comer (ou o lanche com o chocolate preferido dele), sirva-o e deixe-o em paz. *Voilà!* Ele vai voltar a procurá-la rapidinho, feliz da vida.

Remédios para o estresse masculino

Infelizmente, a solução nem sempre é tão singela quanto um copo de suco de laranja. A vida está sempre cheia de altos e baixos e há situações que fazem homens *e* mulheres se sentir como se estivessem numa chapa quente, numa frigideira ou numa panela de pressão.

Quando seu homem sair do sério, pare um momento para procurar a base do problema — o motivo *verdadeiro* que o levou a ter um chilique e gritar com as próprias chuteiras. Pergunte a si mesma: "O que está acontecendo por trás dessas cenas?" Como estão as coisas no trabalho? Será que a família dele está passando por problemas? Será que acabou de perder dinheiro no mercado de ações? Quando você descobrir o que as cenas ocultam, poderá atuar como uma fonte de alívio para o estresse dele, seja dando-lhe espaço para que ele resolva a questão, seja encorajando-o e confiando em sua habilidade de resolver o problema. Isso criará, no cérebro dele, associações positivas entre você e a solução.

> **ATENÇÃO!** *Quando não se trata de uma mera mudança brusca de humor*
> Existe uma grande diferença entre uma mudança de humor natural e um homem à beira da violência física. Violência e abuso de quaisquer tipos *não* são mudanças de humor. Se ele se tornar um perigo para você e as pessoas ao seu redor, vá embora imediatamente! Busque a ajuda e o apoio de que você precisa. Adote uma política de tolerância zero em relação a abusos verbais, físicos ou sexuais.

Quanto mais você o inspirar a encontrar soluções (em vez de se transformar numa fonte adicional de estresse para ele), tanto mais associações positivas ele criará a seu respeito, mental e afetivamente. Veja seu homem como alguém confiante, competente e capaz de encontrar soluções para os problemas da vida. Massageie as costas dele, dizendo: "Eu sei que você trabalha duro e valorizo muito isso. Veja tudo o que você realizou e conquistou para nós. Tenho orgulho de você. Você é o maior."

Estratégias de encantadoras de homens para lidar com as bruscas mudanças de humor deles

Se nada funcionar, apele para a técnica de encantar homens para lidar com os altos e baixos das emoções masculinas. Siga o seguinte processo de cinco passos:

1. Compreenda os humores dele. Às vezes, podem ser ocasionados por alterações hormonais ou, simplesmente, pelo fato de ele estar com fome. Saiba que você não tem nada a ver com isso — são os hormônios e o corpo dele que o fazem agir de determinada maneira.

2. Concentre-se na essência do problema. Verifique se é trabalho, ou estresse, ou se algo mudou para fazê-lo se comportar desse jeito. Entretanto, não o cutuque demais. Diga-lhe simplesmente que compreende e que está aí para apoiá-lo, independentemente de ele precisar ou não.

3. Deixe que ele descarregue a testosterona de modo positivo. Incentive-o a dar uma corrida, a malhar, tomar um drinque ou curtir uma noite com a turma dele. Contanto que haja moderação em tudo, permita que ele esfrie a cabeça sozinho.

4. Recompense-o constantemente por comportamentos que agradem você. E, mesmo quando ele estiver passando por um episódio taciturno, lembre-se de agradecer por algo que ele fez por você naquele dia, ou elogie algo que você reparou sobre ele e lhe fez bem ao coração. Sempre é uma boa hora para tecer um elogio!

5. Mantenha a calma em meio à tempestade. Depois de dizer a ele que você está lá para apoiá-lo, feche a matraca e deixe-o em paz para ele resolver o problema sozinho. Ele a procurará caso necessite de você — o que provavelmente acontecerá antes do que você imagina.

Mais táticas para lidar com o mau humor

A seguir, encontrará uma lista com outras dicas para manter o humor dele estável:

- **Ajude-o a estabelecer objetivos.** Se ele fica constantemente triste e deprimido sobre o futuro da sua carreira, seu peso, a relação com seus familiares — seja lá o que for —, inspire-o a estabelecer novos objetivos. Quando as pessoas tomam medidas no sentido de solucionar um problema de longo prazo, seu humor melhora instantaneamente e elas se sentem prontas a enfrentar qualquer problema que as incomode.
- **Faça projetos.** Se seu homem está vagueando sem rumo pela casa, organize uma atividade conjunta, como passar alguns dias ou semanas na estrada. Pode ser acampar ou viajar, uma reserva no seu restaurante predileto, uma viagem à praia — algo que ele se alegre em fazer. Planejar coisas juntos também faz vocês se aproximarem mais.
- **Faça-o produzir endorfinas.** Se seu homem passar dias a fio deitado e se recusar a levantar do sofá, sugira uma atividade física. Que tal dar uma caminhada? Ou uma partida de tênis? Qualquer coisa que o tire de dentro de casa, envolva ar livre e um pouco de exercício físico o ajudará a produzir endorfinas — também conhecidas como hormônios da felicidade. Transforme isso numa rotina do seu dia e, quando se der conta, o mau humor dele já será coisa do passado.
- **Peça a ajuda dele.** Faça um projeto e ponha o seu homem para ajudá-la. Que seja algo no computador, uma tarefa física como arrastar pesos ou escolher um novo

sofá para seu apartamento — peça a opinião dele, seu conselho e, então, peça sua ajuda. Quando os homens se sentem necessários, queridos e úteis, seu ego fica satisfeito e seu humor melhora imediatamente.

O olhar errante dos homens

Além da taciturnidade, uma coisa que pode estar irritando você é o fato de ele ter um olhar cronicamente errante. Trocando em miúdos, ele confere qualquer mulher bonita que aparecer pela frente. Mas ele não é o único a ter esse defeito. Um estudo realizado pela Kodak Lens Vision Centres descobriu que os homens despem com os olhos em média dez mulheres por dia, totalizando 43 minutos diários. Isso significa que o homem normal gasta até um ano inteirinho de sua vida "manjando" mulheres bonitas! As mulheres, por outro lado, olham em média para seis homens por dia, totalizando vinte minutos diários; o que, se fizer as contas, ainda corresponde a aproximadamente seis meses na vida. A única diferença é que não somos flagradas com tanta frequência, porque sabemos usar nossa visão periférica. (Não se preocupe em manter um placar. É normal e natural que homens e mulheres apreciem beleza física.)

Mas, quando o assunto é o olhar errante dele, baixe um pouco a guarda e, ao mesmo tempo, utilize seu conhecimento sobre a psique dele para garantir que ele vá olhar mais para *você* do que para qualquer outra mulher.

A área de esportes, por exemplo, oferece muitas oportunidades naturais de satisfazer o olhar. A revista *Sports Illustrated* tem uma famosa edição de garotas de biquíni. O futebol americano oferece as líderes de torcida em seus saiotes curtos e blusas estupidamente apertadas, jogando as pernas para cima e sorrindo, sorrindo, sorrindo sempre! É por esta razão que os esportes são tão populares entre os homens: permitem que queimem testosterona assistindo ao jogo e, ao mesmo tempo, manjem as mulheres.

Que atitude você deve tomar? Deixe que ele fique excitado pelas rebolativas líderes de torcida; não há nada que você possa fazer a respeito delas. Depois, transforme-se na líder da torcida da vida dele. Faça com que ele saiba que você o acha capaz de fazer qualquer coisa que ele quiser, e que mesmo quando ele está por baixo e a bola está com o adversário (metaforicamente falando), você sabe que ele tem capacidade para virar o jogo. Isso modificará o humor dele — e ele voltará seu olhar novamente para você.

Como atrair o olhar errante dele de volta para você

Esta é a realidade nua e crua: você não vai conseguir fazê-lo parar de olhar para outras mulheres. A questão é descobrir um jeito de manter o interesse dele focado em você a longo prazo. Felizmente, não é difícil fazer com que ele a deseje. Basta lhe dar algo para olhar.

Quando um homem se sente atraído por uma mulher, passa a secretar dois hormônios — dopamina e noradrenalina — que lhe dão uma sensação de altivez, de energia intensa, insônia e desejo ardente. O organismo dele libera esses hormônios assim que ele vê uma mulher que acha sensual. Por quê? Porque os homens são criaturas visuais. Assim, diferente das mulheres, os homens sentem desejo quase instantaneamente. E isso é um fator positivo, afinal, você não precisará se esforçar muito para fazê-lo sentir alguma coisa por você. Você só precisa ser sensual! Ah, e também deve estar cheirosa, pois isso é um bônus extra para atrair a atenção e o desejo dele para você.

> **Desejo ardente:** Segundo o dicionário da encantadora de homens, desejo ardente é simplesmente o aumento do nível de testosterona que deixa o homem disposto a fazer praticamente qualquer coisa para fazer sexo com a mulher que está azarando.

O problema é que, quando estão numa relação de longo prazo, os homens produzem em grande quantidade um hormônio chamado vasopressina, que interfere com as vias por onde passam a dopamina e a noradrenalina, suprimindo-as. Isso faz com que ele a deseje menos ardentemente e explica porque o tesão desaparece depois de cerca de seis meses.

Entretanto, a boa notícia é que existe um atalho para manter o interesse e o nível dos hormônios do desejo dele num patamar bem elevado. Mais uma vez, trata-se de gerar um pouquinho daquele hormônio masculino mágico que o fará ficar louco por você. A seguir, ensinamos como fazer isso.

Faça algo meio ousado

Como mencionamos antes, independentemente de vocês estarem juntos há dois dias, dois anos ou duas décadas, para gerar desejo, você precisa elevar os níveis de dopamina no cérebro dele (os níveis de dopamina elevam-se com sensações de medo e excitação). Isso, por sua vez, aumenta o desejo sexual que ele tem por você. Estudos demonstraram que compartilhar uma experiência que incita medo — como andar de montanha-russa, praticar bungee jumping, fazer sexo ao ar livre ou mergulhar pelados na piscina do vizinho — faz o homem voltar imediatamente suas atenções amorosas para a mulher que está ao seu lado. Dê um jeito para que essa mulher seja você!

Apimente a noite em que vocês costumam sair para namorar

Quando os casais se queixam de que a chama da relação está minguando, sugerimos organizarem uma "noitada" repleta de mistério e que excite a curiosidade e o desejo. Seguem algumas dicas nesse sentido:

- Arrumem-se em locais diferentes, e se produza com uma roupa extremamente sexy e que ele jamais tenha visto antes. Vocês podem se encontrar diretamente do trabalho — mas não deixe que ele a veja antes do encontro. Você quer tirar o fôlego dele quando ele a vir entrando no restaurante!
- Escolham um local diferente e estimulante. O local a que vocês costumam ir sempre traria de volta lembranças de conversas entediantes, comida e serviço medíocres ou a rotina do dia a dia, inspirando... bocejos. Em vez disso, procure escolher um local estimulante, com boa atmosfera e uma culinária maravilhosa, que desperte os sentidos.
- Aproveite essa ocasião para tirar miniférias com seu homem. Isso significa nada de conversas sobre o tra-

balho, as crianças, o estresse e as coisas aborrecidas da vida. Ao contrário, você quer manter o clima leve, desanuviado e sensual. Diga-lhe o quanto ele a excita. Seu homem sorverá cada uma de suas palavras com gosto!

- Excite-o. Seduza-o com sua fala. Converse sobre sexo. Faça contato com a pele dele e conte todas as coisas que você fez sexualmente com ele e todas as coisas que você ainda quer que ele faça com você. Ele vai ficar ardendo de desejo num instante, haja vista que o cérebro não sabe distinguir entre realidade e fantasia. (Isso explica porque ficamos tão envolvidos com filmes e experimentamos emoções como se o que estamos assistindo estivesse realmente acontecendo conosco.)

Aprecie-o

Independente de vocês estarem só no começo do namoro ou numa relação séria e durável, você precisa massagear o ego masculino dele sempre que puder. O modo como fala com um homem no dia a dia determina a força da relação de forma geral. Sorria todas as vezes que atende ao telefone. Fale com ele de forma positiva. Caso ele se sinta apreciado o tempo inteiro, é menos provável que faça mais do que olhar inofensivamente para alguma mulher de vez em quando.

Aprenda com ele

Deixe que seu homem seja especialista em alguma coisa dentro da relação. O que importa que você já saiba tudo sobre todas as coisas? Permita que ele seja o especialista em pelo menos alguns assuntos. Anime a conversa, estimulando-o: "Conte-me sobre (insira a atividade em que ele é craque). É fascinante e eu não sei nada a respeito." Mais uma vez, isso mostra que você confia nele e fortalece seu ego — sendo que ambas essas coisas o ajudam a se concentrar em você, para poder ouvir você o elogiar *mais*.

Apimente o visual

Os homens são criaturas motivadas visualmente. Eles reagem e fazem coisas de acordo com o aspecto das mulheres. Não obstante, quando um homem tem um caso, dificilmente é com uma mulher mais bonita que a esposa, por incrível que possa parecer. Em vez disso, o mais provável é que ele a traia com uma mulher sexualmente mais segura de si. Em outras palavras, com alguém que tenha uma autoestima mais elevada no que diz respeito ao corpo e que não tenha medo de ostentá-lo. Portanto, meninas, prestem atenção: ele é o seu namorado/marido — não há necessidade alguma de se ocultar ou ficar tímida ao lado dele.

Não se trata necessariamente de circular por aí trajando lingerie sexy ou de se passar por um objeto sexual. Claro que você pode fazer isso se quiser. (E pode ser bem divertido!) Trata-se na verdade de se arrumar e se sentir bem. Trata-se de ele perceber que você se cuida, liga para seu visual e quer se conservar bonita, o que, por sua vez, faz com que ele aprecie e valorize você mais à medida que você se aprecia e valoriza.

Conheça o poder das suas qualidades sexuais e saiba usá-lo com sabedoria. Não estamos sugerindo que você precise ser uma louca por sexo, ou que precise realizar cada posição do *Kama Sutra*. Porém, numa relação sólida e saudável, é de suma prioridade se manter sexualmente interessada e participativa. Hoje em dia, com as ferramentas disponíveis (graças à internet), é fácil ser sexy: existem aulas de *pole dancing*, de striptease ou números de dança ideais para serem executados numa roupa íntima rendada e bem safadinha. Ou, então, cozinhe o prato predileto dele nua. Pronto!

ATENÇÃO! *Não abra o jogo*

Uma coisa que espanta os homens mais do que camisinha usada é mulher dispendiosa. Conversas excessivas em torno de sapatos de grife, salões de beleza caros, bronzeamento artificial, unhas francesinha ou personal trainer são desestimulantes! Enquanto nos preocupamos em nos vestir para as demais mulheres, na esperança de que admirem nosso novo item de grife, os homens esperam simplesmente que usemos algo justo, curto e sexy. Não se queixe de quanto tempo levou se arrumando, nem do quanto custou aquela lingerie finíssima. Por tudo o que é mais sagrado, deixe-o curtir!

Mantras da encantadora de homens

Capítulo 13

- Saiba que os homens podem ficar tão irritadiços quanto as mulheres — não é ele, é a SIM (Síndrome de Irritabilidade Masculina) falando.

- Aprenda a detectar os humores dele e mantenha-os sob controle ajudando-o a determinar objetivos, alimentar-se bem e produzir endorfinas.

- Saiba distinguir entre mudança abrupta de humor e abuso. Jamais tolere violências ou abusos de qualquer forma. Saiba quando é hora de se separar e adote uma política de tolerância zero para esse tipo de comportamento. Caso se encontre numa situação desse tipo, procure ajuda e apoio.

- Saiba que os homens sentem necessidade de ficar manjando as mulheres e não há nada que você possa fazer para mudar isso. Mas cuide para que ele tenha bastante coisa para olhar em você!

CONCLUSÃO

Não aconteceu da noite para o dia, mas aconteceu. Heidi acordou num domingo de manhã aconchegada a James, não desejando nada na vida a não ser colar seus lábios aos dele. Na cabeça, nada de listas de compras ou trabalhos domésticos por fazer. Tampouco estava zangada como antes, quando considerava que James não estava fazendo sua parte na relação (parece que foi há um zilhão de anos). Pelo contrário, ela começou a passar as unhas nas costas dele e mordiscar sua orelha. Para sua surpresa, James deixou a secretária eletrônica atender o telefonema de seu parceiro de golfe. Depois de uma sessão espontânea de sexo dominical, James levantou-se para preparar o café da manhã e trazê-lo para a cama. "De onde saiu este homem?", maravilhou-se Heidi.

Então, num estalo, ela percebeu que James mudou porque ela havia mudado sua própria perspectiva. Era como se tivesse colocado uns óculos de sol que deixavam tudo excepcionalmente alegre e ensolarado. Heidi já não reclamava que o marido era "inútil", porque não o sentia mais assim. E não haviam brigado feio por semanas a fio. Ela realmente se alegrava quando o ouvia chegar em casa à noite, porque agora ela estava... bem, feliz, desde que começara a usar a técnica de encantar homens. Já fazia algum tempo que seu relacionamento com James estava bom.

Quando ela começou a se concentrar em ser complementar a James, em vez de tentar ser igual a ele (o que, conforme ela aprendeu, era perda de tempo), tudo começou a fluir. Ambos se revezavam, cada um em sua própria especialidade. James adorava cozinhar, então, era ele quem cozinhava e escolhia novos restaurantes para experimentarem pela cidade. Heidi parou de reclamar da bagunça que ele deixava depois de comerem. Agora, ela apreciava e agradecia a James pelo jantar maravilhoso, mesmo que as ervilhas tivessem passado do ponto. Além disso, às vezes James cozinhava *e* arrumava a cozinha. Por quê? Porque ele queria. Conforme Heidi aprendeu a ser receptiva e apreciar o que James lhe dava, ele foi se sentindo inspirado a fazer mais. Não porque ela exigisse — ou pedisse —, mas porque ele estava fazendo coisas que eram sua própria ideia brilhante.

Quando você utilizar a técnica de encantar homens, o céu será o limite. Para modificar os velhos hábitos e praticar a comunicação feminina com o seu homem, Heidi escolheu trabalhar num mantra por semana. Em vez de manter o placar de tudo o que James estava fazendo errado, ela decidiu inverter e contabilizar tudo o que ele acertava. Comprometeu-se a agradecê-lo três vezes por dia, até por uma ínfima ação que a houvesse agradado, com sorrisos, abraços, carinhos, sua comida predileta e até sua posição preferida na cama. No início, Heidi acreditava que precisava retribuir tudo em medida igual. Uma faxina no banheiro pela grama aparada. Uma massagem nas costas por uma massagem nos pés. Mas, então, ela percebeu que James só queria mesmo era o seu apreço. Na realidade, James preferia dar *mais* a Heidi do que recebia, porque isso o fazia se sentir um homem forte e grande que cuida de sua mulher e a faz feliz.

Para auxiliá-los no caminho até a felicidade conjugal por meio da técnica de encantar homens, Heidi chegou a ponto de permitir que James lhe recordasse gentilmente que, caso ela se aventurasse a resmungar, ele poderia lhe dar um cartão amarelo. (Coisa que ele chegou a fazer algumas vezes!) Agora, tinham aprendido a rir das fraquezas, besteiras e contrariedades um do outro. A técnica de encantar homens é um elemento permanente na construção de um relacionamento duradouro, e não apenas um programa a ser executado uma só vez e pronto.

E Heidi não era a única a perceber que James havia começado a tomar mais iniciativas para agradá-la. As amigas dela comentavam e estranhos também notavam isso. Heidi contou para nós: "Minha relação com James mudou de algo circunspecto para uma situação em que as mulheres me cercam em bares e me perguntam onde encontrei esse homem. E eu me sinto segura contando a elas que ele sempre foi um grande homem, mas que eu tive de aprender a fazer sobressair o melhor lado dele Pessoalmente, estou mais descontraída e segura. Já não fico tão cansada e tensa. A vida simplesmente é mais fácil quando eu sigo os mantras das encantadoras de homens e deixo que ele resolva os problemas. Claro, no início, fechar a matraca era como morder a própria língua, até que eu me dei conta de que se trata de um ato de confiança. A cada vez que eu fecho a matraca, faço com que James saiba que eu confio nele para cuidar da gente e que eu confio na sua liderança. Sinto que tenho muito mais tempo para curtir a vida, agora que já não estou tendo mais que administrar minha carreira e minha relação nos mínimos detalhes."

Estamos aqui para lhe dizer que você realmente pode ter tudo isso. Se assim escolher, é possível ter uma carreira ambiciosa *e a* relação afetiva dos seus sonhos. E, agora, você sabe como. Então, saia por aí e comece a encantar homens. Você também pode ser uma dessas mulheres que parecem ter tudo. E elas têm mesmo...

Este livro foi composto na tipologia Minion Pro,
em corpo 11,5/15,3, e impresso em papel off-white
no Sistema Cameron da Divisão Gráfica
da Distribuidora Record.